좋아하는 마음만큼 재능도 주셨어야죠.

변두리 예술가의 고백

글, 그림. 소리

좋아하는 마음만큼 재능도 주셨어야죠.

소리 희곡 에세이

초판 1쇄 발행 2020년 11월 24일

글.   소리
그림.   소리
편집.   소리
표지디자인.   유다연
교정교열 .   김예진

펴낸이.   소리
펴낸곳.   잼잇다컴퍼니
출판등록.   제 409-2020-000051호 (2020년 10월 20일)

이메일.   jami_join@naver.com
블로그.   https://blog.naver.com/jami_join
인스타그램.
-작가소리.   @sory_of_mind
-잼잇다컴퍼니. @jami_join.offical

ISBN.   979-11-972379-0-4

Prologue........ "너 나와!!"

1막 1장. 핑계를 대보자면

1. 동기가 불순했어.

2. 칭찬에 길들여진 고래는 더 이상 춤 출수 없어..

3. 2등 콤플렉스? 2등은 되고?

4. 성실은 재능을 이기지 못하는 거였어.

5. 도망치다 얻어걸린 어쩌다 마주친 재능.

6. 맛볼 수 없는 요리사의 비애.

1막 2장. 도전인 줄 알았던 36계 출행랑의 역사

1. 희소성은 나의 무기! 음대 출신 운동권.

2. 가치? 관종 호구들의 무덤

3. 후천적 멀티플레이어

4. 변두리 예술가입니다.

5. 따따라가 직업인 엄마, 그리고 아내.

6. 예술은 갈아지지 않는 똥이다!

2막 1장. 못났다! 정말

1. 애매하게 잘 한다는 건 희망 고문이야.

2. As easy Family 호구공동체.

3. '비주류' 허세 가면.

4. 관종들의 가장 유치한 무기 '동정이라도'

2막 2장. 화! 가! 난! 다!!

1. 가성비 좋은 특가상품

2. '공모사업'이라 쓰고 '노예계약'이라 읽는다.

3. 프리랜서 예술가에게 '건강보험 득실 확인 증명서'란?

4. '호모사피엔스'의 멸종을 바라시나?

5. '딴따라' 면역력의 사이토카인 폭풍 증후군

6. 좋아하는 마음만큼 재능도 주셨어야죠.

Epilogue........   나의 우주에도 별이 빛나고 있었네...

변두리예술가의 동화. 뿌리 깊은 나무의 꿈.

좋아하는 마음만큼 재능도 주셨어야죠.

〈 등 장 인 물 〉

공.

40대 변두리 예술가
직업은 작곡가이나 어쩌다 보니 멀티플레이어
능력과 자유의 결핍이 힘든 예술가
죄책감이 많은 엄마
인생의 길을 잃은
1인칭 여자 사람

영.

현실적이고 냉소적이며 가식 없는
공의 모난 돌 혹은 에너지.
호모 사피엔스를 싫어하는
엄마도 예술가도 아닌
온전히 자유로운 주체
1인칭 여자 마음

Prologue.
너 나와!

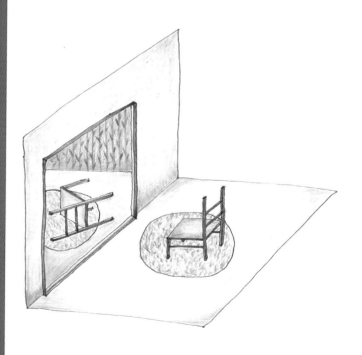

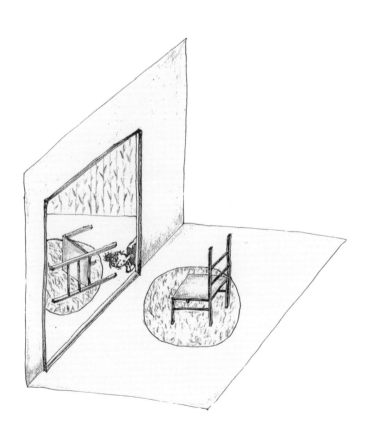

깜깜한 무대 중앙에 비스듬하게 전신 거울이 있다. 거울을 사이에 두고 '공'의 공간과 '영'의 공간이 나뉜다. 각자의 공간에는 의자가 있다. '공'의 공간은 무채색의 벽과 바닥으로 되어 있고, 오랜 세월의 흔적이 있는 의자가 단정하고 반듯하게 거울을 향해 있다. 반대편의 '영'의 공간은 화려하고 신비로운 색의 벽과 바닥으로 되어있고, 중구난방으로 색칠되어있는 의자가 아무렇게나 쓰러져 있다.

문소리가 나고, 이어 신발을 벗는 소리가 난다.

공이 불을 켜면 공의 공간에 싸늘해 보이기까지 하는 하얀색 형광등 조명이 켜진다. 공은 불을 켜는 것과 동시에 거울 앞으로 성큼성큼 걸어가며 외친다.

공 너 나와!

아무 소리도 들리지 않는다. 공은 깊은 한숨을 내쉬고 거울 쪽으로 한걸음 더 걸어간다.

공 나오라고!

영은 보이지 않고 방 안쪽에서 내키지 않아 하는 목소리만들린다.

영 귀찮아.

공 빨리 안 나와?

영 아! 들려. 그냥 말해.

공 내가 지금 너 때문에 얼마나 곤란한 줄 알아? 나와, 빨리!

영 (짜증스러운 목소리로) 아우! 귀찮아! 귀찮아! 진짜!

영은 누운 채 몸을 밀어 거울로 얼굴만 내민다.

공 너 뭐야? 왜 그래 도대체? 왜 자꾸 날 곤란하게 만들어?

영 (아무것도 모르겠다는 듯) 나? 내가? 내가 뭐?

공 왜 자꾸 불쑥 불쑥 튀어나와서 날!

영 (말을 자르며 비웃듯) 아~ 난 또 뭐라고!! 야! 사고는 니가 치고 왜 나한테 지랄이야.

영이 빼꼼히 내민 얼굴을 다시 집어넣으려는 순간.

공 (단호한 목소리로) 앉아.

영은 어이없다는 듯 한참을 쳐다본다.

영 아휴, 내가 진짜.. 어.

영은 천천히 일어나 의자로 다가와 의자를 거꾸로 세워 놓으며 말한다.

영 (어이 없다는 듯) 야, 지금 이거, 니가 앉으래서 앉는 거 아니다. (의자에 앉으며 혼잣말처럼) 허 참 어디서 똥을 싸고 와서... (공을 쳐다보며) 앉았다. 어쩔래?

영은 거꾸로 놓은 의자에 몸을 옆으로 해서 앉아 한쪽 다리를 의자 위로 올려놓고 몸을 의자 등에 기댄다.

공 왜 이래 도대체!
영 아함 (하품하며) 뭘? 그리고 막 어! 그렇게 어? 대명사로 말하면 넌 알아듣냐?
공 딴 소리 말고!

고개만 돌려 귀찮다는 듯 영을 보며

영 전요, 그저 당신 마음의 한 귀퉁이 찌꺼기일 뿐이라고요. 내가 뭘 할 수 있다고 밑도 끝도 없이 불러내서 지랄이야!

공 (흥분하며) 그러니까. 찌꺼기 주제에 왜 자꾸 나와서 날 쓰레기를 만들어! 왜! 왜!

영은 기가 막힌다는 듯 거꾸로 된 의자에 다리를 벌리고 의자 등을 껴안으며 영에게 말한다.

영 야 잘 들어. 내가 널 그렇게 만든 게 아니라 니가 날 그렇게 만든 거야. 난 원래 (새끼손가락을 가리키며) 요만했는데 니가 날 이렇게 기골이 장대하게 키웠잖아!

공 뭐?

영 니가 나의 창조주라고요.

공 (주먹을 꼭 쥐고 영을 노려본다.)

영 야! 눈 풀어. 그러다 눈깔 빠져. 참내, 그냥 너의 매력이라고 생각해. 마음의 찌꺼기까지도 숨기지 못하고 확 까발리는 용기! 좋네! 멋지다 야!

공 넌 지금 내가 장난치는 거로 보여?

영 누가 장난 이래? 봐봐! 인간은 원래 긍정적인 면과 부정적인 면이 다 있다고. 그래, 안 그래? (공을 슬쩍 보고) 어, 어 꼭 대답할 필요 없어. 정답은? 그래, '그래.'야. 근데 그걸 균형 있게 사용하는 건 각자의 몫인 거지. 근데 너는 가식적인 긍정보다는 솔직한 부정이 편했던 거고, 그래서 내가 이렇게 기골이 장대해진 것이고. 언더스탠?

공 (뚫어지듯 영을 노려본다)

영 뭘 속상해해? 니가 적어도 가식적인 인간은 아니라는 증거니까. 좋은 거야.

공 좋긴 뭐가 좋아. 맨날 우울증, 불면증! (사이) 이젠 사람들을 못 만날 지경이 돼버렸다고!

영 너 원래 인간들 싫어하잖아? 고독이 좋다며? 차라리 잘 됐네. 긍정적으로 생각해.

공 뭘? 우울증을? 불면증을? 아님, 예민하고 민감한 걸? 도대체 뭘 긍정적으로 생각하라는 거야!

영 낸들 아니? '긍정' 걔를 요만하게 (새끼손톱을 가리키며) 만든 것도 너, 나를 이렇게 비만으로 키운 것도 너니까 답도 니가 찾아. 나한테 와서 지랄 말고.

공 (고개를 푹 숙이며) 나한테 긍정이 남아있긴 해?

영은 다시 옆으로 앉아 발가락을 만지작거리며 말한다.

영 물론, 분배의 문제가 있긴 하지만 뭐.. 남아야 있겠지.

공 (의자에 앉으며) 도대체 뭐가 문제인 거야?

영 넌 남을 속이진 않아. 어후, 그건 아주 훌륭해. 근데 니가 널 속이는 게 문제지. 아니다, 니가 널 속이는데, 거기에 또

속는 멍청한 니가 문제인 거지. (손가락질해가며 설명한다)

공은 고개를 들어 영을 바라본다. 영은 길게 한숨을 내쉬며 이야기를 시작한다.

영 니가 속인 니가, 너라고 착각하는 게 문제라고. 병신, 말귀도 못 알아들어!

공 (주먹을 꽉 쥐고 가만히 듣고만 있다.)

영 모르겠어? (몸을 뒤로 젖히며) 우와! 저거, 저거 또 모르는 척 하는 것 좀 봐! 재수 없게. 야! 답은 니가 찾아. 원래 지가 싼 똥은 지가 닦는 거야.

영은 의자에 기댄 몸을 일으켜 세우며 나가려는데 공이 급하게 말한다. 영은 그대로 나간다.

공 (주먹은 꼭 쥐고 있지만 힘이 빠진 목소리로) 도와줘.

영은 못 들은 척 거울 밖으로 나간다

공 (의자에서 벌떡 일어나며) 도와달라고!

영 아이씨...

영은 거울 바깥에서 뒷걸음으로 다시 걸어나와 멈춘다.

영   (귀찮다는 듯 머리카락을 손으로 말며) 뭐? 뭐? 뭘? 뭘 도
     와달라고!

공   그냥 (사이) 앉아서 듣기라도 해.

영   흐음. 나도 말해도 돼?

공   (고개를 끄덕인다)

영   좋아. 자세는 일단 오케이. 그럼 자, 시작해 봐.

공   (영을 바라본다)

영   하라고! 너 하고 싶은 말

공   (의자 등받이를 잡고 서서) 음..

영   (의자에 앉으며) 아후 답답해! 해보라고! 아무 말이나. 니가
     하고 싶었던 말. 지금 환장하겠는 이유, 아님 지금 싸고 온
     똥? 뭐 암튼 그냥 아무말 대잔치.

1막 1장.
핑계를 대보자면.

l. 동기가 불순했어.

공은 서 있는 채로 곰곰이 생각에 잠긴다.

영 야! 일단 앉아! 정신 사나워! (의자에 천천히 앉으며)

공 맞아. 니 말이.. 다..

영 어! 그래? 그럼 됐네. 나 가도 되겠다 그치? 그래. 니가 옛날

부터 머리가 없진 않았어. 응. 금방 잘 찾았네.

영은 일어서려 한다.

공   다 거짓이었어. 시작부터가

영은 일어서려 하다가 다시 앉는다.

영   (빈정거리며) 그렇지. 원래 바늘 도둑이 소도둑 되는 거니
        까. 어릴 때부터 싹수가 보였겠지.
공   사실 난 음악이 좋아서 음악을 시작한 건 아니야.
영   (피식 웃으며) 그게 뭐?
공   그냥.. 피아노가 너무 가지고 싶였어. 동기가 불순했지. 근데
        엄마는 내가 혼자 피아노 학원에 가서 기웃거리고 그랬던
        걸 내 음악적 재능의 시작으로 알고 계시더라.
영   좋네! 그거야 엄마가 만든 자기만의 판타지인데. 뭐 어때?
        좋게 알고 계시면 좋지. 뭘 겨우 그까짓 걸 가지고,
공   일요일이었는데, 앞집 언니네 피아노가 들어오는 게 거실
        창으로 보이더라? 그 검은 게 얼마나 반짝이이던지.
영   어우, 그 집 아줌마 설레발 재수 없어.
공   (희미하게 웃으며) 우리 골목 첫 피아노였는데 정말 생생하

게 기억나. 압도적이더라. 7살 인생에서 본 가장 크고 멋진 물건이었어. 그렇다고 뭐 사달라고 울기나 떼쓰시는 않았는데, 혼자 머리는 굴렸던 것 같아. 어떻게 해야 나도 저 피아노를 가질 수 있을까.

영　아휴, 어린애가 아주 영리했다! 아니 그렇게 물욕이 강하던 애가 어쩌다 이렇게 된 거야?

공　물욕.

영　왜? 물욕이 나빠? 원래 인간은 욕망 덩어리야. 일곱 살도 인간이고.

공　피아노를 배운다고 하면 왠지 사주실 것 같더라. 그래서 거짓말했어. 엄마는 거기에 낚인 거고. (사이) 동기부터가 불순했으니까 내가 지금 이 꼴인 거지 뭐. (바닥을 쳐다본다)

영　뭐래니? 이건 또 무슨 맥락 없는 전개야? 니 꼴이 어때서?

공　무능하고 소심한데 하고 싶은 건 너무 많고. 능력은 모자라고.. 자신감도 없고

영　(비꼬듯) 아~ 자학이 하고 싶었어? 그렇다면 저, 잘못 찾아오셨네영. (손재간을 하며) 약은 약사에게, 고해성사는 신부님께. 자매님 (손을 모으고) 평화를 빕니다. 그럼, 전문가와 상담 하시는 거로! 응?

영은 의자에서 일어나 들어가려고 한다.

공 그 거짓말이 이렇게 부메랑이 돼서 돌아올 줄 몰랐어.

영 (황당하다는 듯) 웃길라고 하는 소리지?

공 (공은 계속 바닥만 보고 있다)

영 아니야? 웃길라고... 아니야? (어이가 없다는 듯) 와! 이거
    완전 돌아이네! 야! 어디서 쌍팔년도 신파야! (정신 차린
    듯) 잠깐, 근데 나 이거 계속 듣고 있어야 하는 거야?

공 도와준다며?

영 누가, 내가? (사이) 그랬지. 그랬네. 젠장 (의자 주변을 한
    두 걸음 걷다가) 그렇다고 니 인생 일대기를 듣겠다는 건
    아니었는데? (공의 눈치를 보다가) 에이씨 젠장. 낚였네. 낚
    였어.

영은 자리에 철퍼덕 앉는다.

영 그래. 그럼 이제 빠르게 답을 줄게.

공 답 말고, 그냥 이야기를 들어달라고. 거기 앉아서.

영은 귀찮다는 듯, 크게 한숨 쉬며 의자에 대충 앉으며 말
한다.

영 야 7살짜리가 그 뻥을 치면서 그게 40년 후에 부메랑이 돼

서 돌아올 걸 어떻게 아냐? 그걸 알면 노벨상 감이지. 넌 내일 너한테 무슨 일이 생길 줄 알아? 원래가 한 치 앞을 모르는 게 인생이야. 그리고 알았으면 그랬겠냐? (귀찮다는 듯 발가락을 만지작 거리며) 그리고 원래 인생이란 게 선한 동기로 시작을 해도 선한 결과를 만들고 그러지를 않아요. 나쁜 동기로 시작했다고 나쁜 결과를 가져오지도 않고. 그럼 뭐 어! 성공한 놈들은 다 착한 놈들이겠네? (한심하다는 듯) 나이를 도대체 어디로 처먹은 거야?

공 ...

영 그리고 야! 잘 생각해봐. 엄마가 기왕 사는 거니 비싸더라도 좋은 거로 사자고 했을 때,

공 (가로채듯) 부담스러웠지. 아! 진짜 열심히 해야 되는구나, 싶어서 겁이 났어.

영 헐! (기가 막힌 다는 듯) 얘 봐라? 연기하냐? 아우 어색해. 뭐야? 이거! (팔짱을 끼며) 야! 남들한테 솔직한 만큼 너한테 좀 솔직해져 봐!

공 뭘?

영 참내! (조롱하듯) 야! 사실 "비싸더라도" 딱 이 말에 더 뽕 갔잖아. 이게 어디 선수 앞에서 약을 팔아! 기왕이면 앞집 언니네 피아노보다 크고 비싼 거였으면 좋겠다, 요런 생각 했어? 안 했어?

공 내가?

영 암튼 인간이란.. 야! 피아노 사고 싶어서 뻥친 건 기억나고 뭐? (비웃으며) 열심히 해야겠다는 생각을 했다고? 아~ 그 와중에 또 좋은 인간으로 보이고 싶은가 봐?

공 (잠시 생각을 하다가 고개를 떨구며 허탈한 웃음과 함께) 그랬네, 내가. (다시 침묵) 그럼, 목적은 달성했다. 정말 큰 업라이트 피아노였잖아.

영 소리는 더 기가 막혔지. 너의 쓸데없이 디테일 한 귀는 그 피아노 덕인거 알지? 엄마가 아주 파리에 대포를 쏜 거지. 도레 도레 치는 애한테. 하긴, 그게 또 아줌마들끼리의 자존심 싸움이었을 수도 있고. 뭐, 덕분에 넌 아주 해피했고. 그럼 된 거지 뭐.

공 그랬구나.

영 (귀찮은 목소리로) 네, 그러셨어요. 일기장에도 쓰셨어요. 찾아보세요. 이제 그럼 된 거지요? 저 들어갑니다.

영이 들어가려는 순간, 공은 영을 향해 나지막하게 말한다.

공 난 욕망 덩어리인 니가 부끄러워.

영은 다시 돌아와서 거울 앞으로 다가가 웃으며 공에게 말한다.

영 난 욕망 덩어리인 날 부끄러워하는 니가 더 부끄러워. 치,
가증스럽게..

공 앉아. 왜 자꾸 들어가. 들어달라니까.

영은 얼굴에 짜증스러움이 가득하지만 이내 포기하고 의자
쪽으로 걸어간다.

영 난 또 엄청 심각하게 부르길래 쫄아서 나왔더니만, 추억팔
이를 하려는 거였어. 참내.

공 추억팔이 하려는 거 아니니까, 앉으라고.

영 알았다고. (영은 억지로 앉는다) 그래 앉았으니, 이제 너님
하고 싶은 거 다 하시라고요. 프란체스카 자매님. 가능하면
좀 빠르고, 신속하고 간결하게.

공 ⑴모데라토?

영 으음, 으음 (고개를 절레절레 흔들며 완강하게) ⑵알레그로.
뭐, 딱 들어보니 ⑶비바체로 후루룩 할 이야기는 아닌 것 같
으니까. 템포는 알레그로. OK?

고개를 끄덕인 후 호흡을 가다듬고 옷매무시를 단정하게

하고 의자에 앉는 공.

영 그럼 해봐!

공 알았어, 알레그로. (침을 꼴깍 삼키고) 어쨌든 중요한 건
그게 내 음악의 시작이었다는 거야. 음악이 좋아서가 아니
라 피아노가 탐나서. 니 말대로 물욕 때문에.

---

(1) 모데라토 (Moderato) 음악에서 보통빠르기를 지시하는 말
(2) 알레그로(Allegro) 음악에서 빠르게를 지시하는 말
(3) 비바체 (Vivace) 음악에서 아주 빠르고 생기있게를 지시하는 말

2. 칭찬에 길들여진 고래는
더 이상 춤 출수 없어.....

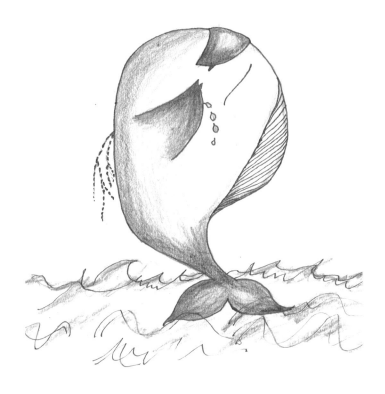

영 물욕이 뭐 어때서? (웃음섞인 말투로) 애가 어려서부터 굉장히 영민했구나. 살살 뻥도 잘 치고~ (사이) 암튼 그래서 시작을 했고 좋았잖아? 그럼 됐지. 뭘.

공 그게 문제지. 시작이 반인데 그 반을 거짓으로 시작했다는 거잖아.

영 야, 이 화상아. 좀 작작 해. 왜 아무것도 아닌 걸 굳이 문제를 만들어서 사서 고민을 해? 사는 게 편해? 아니, 귀하게 자란 애가 왜 이 모양이야? 그야말로 온 동네가 금이야 옥이야 꿀 같은 칭찬을 그냥 처발라가면서 물고 빨고 키웠구만, 뭐가 이렇게 꼬였어?

공 그러게. 칭찬은 고래도 춤추게 한다는데, 난 왜 그렇게 칭찬이 부담스러웠을까?

영 (반색하며) 아! 그래, 고건 또 니가 진짜 모를 수도 있겠다. 요럴 때 내가 아주 요긴하지. 잘 들어. (과장된 진지한 표정으로) 니 고래가 춤을 못 춘건 그 칭찬들이 니 칭찬인 듯, 니 칭찬 아닌, 니 칭찬 같은 그런 애매한 그 뭐랄까. 암튼 니가 칭찬을 받긴 했는데 그게 또 꼭 니 칭찬은 아니었다는 거지.

공 복잡하다.

영 들어봐. 그 남가좌동 살 때 아빠 생각나지?

공 아빠? 김 선생님?

영 그렇지. 그게 문제였어.

공 아빠가? 왜?

영 맹추야. 아빠가 문제였다는 게 아니고,

공 그럼?

영 아니, 생각해 봐봐. 아빠는 그 골목이 뭐?

공 뭐?

영 그 골목의 훈장님.

공 (기억 났다는 듯이 희미하게 웃으며) 아~ 맞다! 그랬다!

영 그러니 온 동네 사람들이 문제가 생기면 다들 너네 집구석
으로 찾아오는 거지. 지 자식새끼 데모하다 잡혔다고 경찰
서 같이 가달라고 찾아와, 한자로 된 편지 읽어달라고 찾아
와, 애새끼 머리 아픈데 어느 병원 가야 하냐고 찾아와, 이
건 뭐, 아무리 타의적이라고 해도 정말 너무 프로 오지라퍼
였던 거지.

공 (콧바람을 내며 웃는다.) 후후.

영 그러니 사람들이 널 모를 수가 있냐고! 김 선생님네 딸인
데? 그것도 김 선생님네 귀하게 얻은 금지옥엽 딸.

공 그거야 뭐.

영 공인, 공인이었어 넌. 온 동네주민이 너의 일거수일투족을
부모님께 알려주는 첩자이면서, 또 뭐, 잘 지내 두면 이익
이 될 만한 쓸모있는 애. 그게 바로 너였던 거지. 그러니 겉
으로는 얼마나 잘해줬겠냐고?

공 (눈을 위로 뜨며 회상을 해본다.)

영 이건 뭐, 공부를 잘해도 김 선생님 딸이라서, 인사를 잘해

도 김 선생님 딸이라서, 지나가는 할머니 가방을 들어줘도 뭘 해도 다 김 선생님 딸이라서 착하대. 인사도 내가 하고, 공부도 내가 하고, 착한 일도 내가 다 했는데, 왜 다 아빠 때문이래? 삐뚤어지고 싶게.

공 그게 뭐? 난 나쁘지 않았어.

영 웃기시네. 너 되게 억울해했었는데, 부담스러워하고.

공 뭐 조금 불편하기야 했지. 내가 잘 못 하면 아빠 얼굴에 똥 칠하는 거니까.

영 이것 봐. 그게 왜 아빠 얼굴에 똥칠이야? 니 얼굴에 똥칠이 지. 하긴 불편했지만 그것도 특혜라고 넌 좀 누리더라.

공 뭐. 특혜보다는 주로 눈치 볼 일이 많았지. 아무래도. 술 마시고 꽐라 돼서 들어오면 "선생님 딸이 그러면 되냐" 그럴 수도 있으니까. 겁나고.

영 하하! 홍대에서 술 처먹을 땐 직립보행도 못 하던 게, 버스에서 내리기만 하면, 와.. 나 진짜 할리우드 배우인 줄? 배우를 했어야 해.

공 그거야 뭐. 인간은 사회적 동물이니까.

영 사회적 동물? 치, 야! 그냥 떼로 몰려 산다고 다 사회적 동물이야? 웃기시네. 원래 인간은 사회적 동물이 될 수가 없어요. 다 이기적이고 지밖에 모르는 종족들이라서. 이타적인거? 그것도 다 지 맘 편하자고 하는 짓이고. 사회성도 서로 이용해 먹을라고 생긴 생존 전략일 뿐이라니까. 인간은 지구에 나타나 독이야 독!

공 (진지하게) 그래서 니말은 뭐야? 그 칭찬들이 날 주눅 들게 했다고? 내가 한 일인데 칭찬은 아빠가 다 받는 것 같아서? 음 (사이) 근데, 왜 주눅이 들어? 열 받지.

영 그렇지. 열 받지. 땀은 니 몸에서 났는데 아빠한테 수건 가져다주면 열 받지! 어! 막 억울하고..

공 뭐 기억도 안나. 그랬겠지. 그랬겠네. 근데 그게 주눅 든 이유는 아니잖아.

영 말할라고 하잖아 지금! (사이)

공 (손동작으로 알았으니 말을 이어가라고 한다.) OK!

영 그러니까 넌 그렇게 늘 니가 한 행동보다 너 과하게 칭찬을 받았단 말이지. 아빠 덕분에. 더 쉽게 말하면, 니가 너도 모르게 가랑비에 옷 젖듯 칭찬에 길들여졌다~ 이거지!

공 (두 눈을 껌뻑 거리며 말꼼하게 영을 바라본다) 음..

영 (공의 얼굴을 힐끔 쳐다보고) 당췌 모르겠는 얼굴이군. 쉽게 말하면, 봐! 보통은 내가 어떤 칭찬받을 만한 착한 짓을 했어. 그럼 칭찬을 받아. 그게 순서잖아? 그치?

공 (고개를 끄덕인다)

영 근데 넌 이게 순서가 살짝 바뀐 거지. 칭찬을 받기 위해 칭찬받을 짓을 찾아서 하는 거로. 언더스탠? 어른들이 약 되라고 해준 칭찬이 독이 된 거지.

공은 의자에서 다리를 꼬고 앉는다. 그리고 잠시 고개를 숙이고 침묵한다.

공   (고개를 들며) 근데 결과적으로만 보면 양쪽 다 긍정적인 거 아닌가?

영은 노래방 기계음 소리를 흉내 내며 과장된 헐리우드 액션을 하며 말한다.

영   와우! 당신은 정말 졸라 어처구니없는 이상주의자군요. 야! 그 결과가 지금의 너잖아. 힘들다며! 돌이냐?

공   그거야. 내가 그릇이 작아서 그렇지 뭐. 칭찬을 약으로 못 받아먹는 간장 종지라.

영   아. 이 와중에 또! 야! 착한 척하지 마. 토 나와.

공   착한 척이 아니고.. 넌 왜 이렇게 삐딱해?

영   삐딱한 게 아니라 솔직한 거지.

공   그럼 난?

영   몰라 물어? 넌 너한테 제일 뻥을 많이 쳐. 남들한테도 그렇게 했어 봐. 사회에 잘 적응하고 인싸로 살았겠지. 자, 봐봐!

니 마음은 그렇지가 않은데, 칭찬을 받기 위해 그런 척 연기를 해. 그럼 거짓말을 했다는 죄책감이 들겠지? 그럼 그게 또 들킬까 봐 또 졸라 연기를 하겠지? 착한 애인 척, 컨셉을 계속 유지해야 하니까! 원래 넌, 기백만 원 짜리 피아노도 뻥을 쳐서 지꺼로 만들 줄 알았던 음흉한 애인데 말이야. 그럼, 피곤해? 안 피곤해?

공 애한테,

영 (말 자르며) 아 진짜 더럽게 산만하네! 그만해?

공 아니야. (다시 자세를 고쳐 앉으며) 그래, (숨을 내쉬며) 그건 좀, 피곤하겠다.

영 그렇지. 개 피곤하겠지. 바로 그거야. 넌 사실 이타적인 인간이 아니라 칭찬에 길들여진 인간이라는 거지. 딱 본능적으로 안 거야. 공부도 부모님 기대에 못 미치고, 수학 영재 그 동생 새끼랑 맨날 비교당하고 그러면서 막 불안한 거지. 그렇다고 피아노도 썩 잘하는 것 같지도 않고, 뭐 여러모로 딱히 잘하는 게 없으니 성격이라도 좋아야겠다, 한 거지. 그럼 어떻게 해야 해? 칭찬을 받아야겠지? 엄청 노력했을 거라고! 생존을 위한 전략인데. 그러니 계속 연기를 했을 거고. 일상은 하루하루가 졸라 긴장의 연속이었을 거고. (사이) 게다가 맨날 칭찬을 하던 사람들이 익숙해져서 칭찬을 잘 안 해! 그럼 넌 막 불안해지는 거지. 어? 막 똥 마려운 강아지처럼.

공 …

영 내가 더 착해야 하나? 내가 착한 일 하는 걸 못 봤나? 난 엄청 노력하는데 왜 몰라주지? 씨. 막 불안하고 억울하고. 그럼 더 널 막 혹사시켜서라도 칭찬받을 거리를 만들고.

공 아..

영 이제 알아들었어? 다행이다. 새대가리는 아니라서.

공 니 이야기를 듣고 있으면 내가 쓰레기 같아.

영 이 봐, 이 봐. 내 이럴 줄 알았어, 등신아 지금 너한테 핑곗거리를 만들어 주는 거잖아. 그것도 되게 합리적이고 논리적으로. 주는 것도 못 처먹어 어떻게! 에이씨 안 해!

영은 의자에서 일어선다.

공 아니야 계속해. 들을게.

영은 마치 앉으려 했다는 듯 의자 주위를 한 바퀴 돌아앉으며 말한다.

영 인간이 원래 그래요. 인정받고 싶고. 고생한 거 몰라주면 열 받고, 그게 인간의 본능이야. 너만 그런 게 아니고, 다 그래. 근데. 다들 졸라 두꺼운 가면 뒤에 숨어서 남들 보기에 되게 대인배인 척, 좀 괜찮은 인간인 척하느라고 시사 누군지, 어떤 인간인지도 모른 채 그냥 막 살아지는 대로 사는 거야. 너도 똑같은 거고. 왜? 그렇게 배웠으니까. 그렇게 사는 방법뿐이 모르니까. 알겠냐?

공 (잠깐 침묵 후) 칭찬이 꼭 춤을 추게 하지는 않는구나.

영 뭐든 균형이 중요한건데, 여러모로 부족한 호모 사피엔스 따위들이 할 수 있는 일이 아니긴 해.

공 맞네. 그래 좋은 사람으로 보이고 싶었어. 친절하고 유연한 사람처럼. 매너 있는 사람처럼.

영 그봐! 다 똑같다니까! (공을 한번 쳐다보고) 근데 뭐, 니가 친절한 인간은 아니지만 또 그렇게 쓰레기는 아니야. 알지? (공의 눈치를 보며) 뭐 그냥 평범한 좋은 사람 쪽에 속하긴 하는데 니가 가진 것보다 더 좋은 사람인 척 할라니까 더 힘든 거지. 크게 잘나지는 않았는데 크게 잘나 보이고 싶고, 쇠고집에 타협도 안 되는 존나 불편한 성격인데 유연한 마인드를 가진 사교적인 인간으로 보이고 싶고. 히야.. 진짜 눈물 난다. 야! 이년, 이거 진짜 졸라 힘들게 살았네. 아니 그렇게 인간들을 싫어하면서 뭘 그렇게 인간들 눈치를 보고 살았냐? 그냥 꼴리는 대로 살지. 무슨 영화를 누리겠다고 어려서부터 컨셉을 그렇게 불편하게 잡아가지고. 야! 낼

모레 곧 오십인데 여태 그러고 살고 있으니 과부하가 걸리지. 속여먹는 것도 하루 이틀이지. 이건 뭐, 한심하다고 해야 하니? 짠하다고 해야 하니? 암튼 일생을 이 가면 저 가면 바꿔가며. 참, 니가 욕봤다.

공 어른들은 잘 되라고 한 소리겠지?

영 뭐 그럼, 뭐 주눅 들라고 일부러 그랬을까?

공 칭찬은 고래도 춤추게 한다고 그랬는데...

영 칭찬에 길들여진 고래가 추는 게 춤이냐? 관심받기 위한 발광이지. 내 뭐라든. 결핍도 문제지만, 과잉이 더 문제야. 결핍은 어쨌든 계속 노력하게 만들지만 과잉은 길들이거든.

공과 영은 서로 마주 본 채 침묵한다.

긴 침묵을 먼저 깬 건 공이었다.

3. 2등 콤플렉스?
2등은 뇌고?

공 '될 놈, 될' 그런 말 알아?

영 그건 주로 안 된 놈들이 핑계로 많이 애용하는 말이지. 요
즘 니 주둥이에 주렁주렁 달고 다니더만.

공 난 살면서 1등을 해본 적이 거의 없다.

영 그게 뭐?

공 근데, 늘 2등 정도는 해.

영 아 그게 또 사람을 아주 환장하게 만드는데..

공 살리에리 콤플렉스?

영 (버럭) 야! (어이없다는 듯이) 어디 감히 살리에리랑 비교를 해? 돌았냐? 살리에리는 모차르트랑 겨루던 사이야. 김연아랑 겨루던 누구냐? 걔 눈 똥그란 그 일본 애, 그 정도는 돼야 살리에리 콤플렉스라고 하는 거지. 선두그룹. 메이저. 뭔 말인지 알아? 살리에리 콤플렉스 좋아하시네. 넌 그냥 콤플렉스, 열등감, 찌질이라고 하는 거야. (어이 없다는 듯 고개를 돌리며) 나 참, 살리에리? 돌았냐?

공 그래, 내가 잘못했다. (피식 웃으며) 살리에리 음악 좋은데. 그치?

영 아후, 레퀴엠 같은 거 아주 죽이지. 어찌됐던 난 살리에리가 승이라고 본다.

공 그건 아니지.

영 아니긴, 살리에리가 모차르트보다 오래 살았어요. 뒤져서 영광이 다 무슨 소용이야. 살아 꽃길이 백번 나은 거지. 쥐뿔도 모르는 것들이 살리에리를 모욕하고 지랄들이야. (놀라듯) 아! (손가락질하며) 너! 다들 모차르트 들을 때 살리에리 찾아 듣고 한 게... 야. 너, 진짜 그러지 마라. 그분은 니가 동질감 느끼고 그럴 수준의 분이 아니세요. 그럼 못 써! (사이) 쯧, 하긴 주제 파악이 그렇게 안 뇌니 고달프지.

공은 영을 비웃듯 의자를 빙글빙글 돌린다.

공 (영을 빤히 쳐다보며) 넌 내가 우습지?

영 우습기만 해? 웃겨.

공 그래, 우습겠지. (자조적으로 따라 웃으며) 근데 생각해보면 말이다. 핑계 같지만 내 주변엔 항상, 언제나 태산 같은 넘사벽들이 있었더라. 주아, 은미 언니, 수향 언니. 또.

영 아, 주아 알지. 노래도 겁나 잘해, 피아노 잘 쳐, 성격 좋아. 완전 '핵인싸', 너 같은 '아싸'와는 완전 다른 인종이지.

공 그래도 그땐 절친이었는데.

영 절친 좋아하시네. 다른 친구가 없었으니까 걔랑 다닌 거지. 너 개 엄청 미워하고 질투하고 그랬었어.

공 알아. 걔, 참 고생 많이 한 친구인데. 짠한 마음이 들다가도 이상하게 항상 마음이 꼬이더라.

영 왜 이러셔! 위로 하는 척 하면서 속으론 동정하고 기분 좋아했으면서. 하긴 니가 가지고 싶은 거 다 가졌는데 꼴 보기 싫지. 아니꼽고. (사이) 근데 걔도 그랬어.

공 걔가? 나를? 왜? 뭘로?

영 너만 몰라. 등신. 꼬박꼬박 레슨비 내주는 부모님 보면 심사 꼬이고, 쥐뿔도 없는 게 아빠 빽으로 어! 선생님들 한테 주목받고 그러는 것도 아니꼽고 그랬다고. 걔도

공 진짜? (웃으며) 참 나! 나 왜 괜히 기분 좋아? 이 나이에도 그런 게 신경 쓰이나?

영 (웃으며) 좋단다. (사이) 당연하지. 원래 인간들이 그래요. 나보다 잘난 것들은 다 죽었으면 좋겠고, 안 그래?

공 그 정도는 아니고. 암튼 난 대학도 차석으로 입학하고, 공부도 동생한테 밀리고.

영 공부는 아마 엄마 아빠한테도 밀릴걸?

공은 영을 한번 노려보고 다시 발끝을 쳐다보며 말한다.

공 학생회 할 때도. (사이) 은미 언니 있잖아.

영 니 소울메이트?

공 그래, 그 언니도 완전 넘사벽이야.

영 야! 잠깐! 너 혹시, 니 주변 넘사벽들을 다 풀려는건 아니지? 야, 너 진짜 그러는 거 아니다. 나 진짜 너무 피곤해.

공은 못 들은 척 말을 이어가고 영은 의자를 빙글 돌리며 지루해한다.

공　그 언니도 보면 못 하는 게 없어. 그 언니가 피아노과 수석
　　이었거덩! 근데 노래도 되게 잘 불러. 흥도 넘치고. 리더로
　　아주 딱이지. 그러니 문화부장을 얼마나 잘했겠어? 그래 놓
　　고 나한테 문화부장을 넘겨주면.. (꺼지게 한숨을 쉬며) 진
　　짜 언니 없는 문화부 생활은 지옥이었어. 어색하고, 애들
　　반응에 주눅 들고. 애들이야 잘 몰랐겠지만.

영　그렇지. 애들은 몰랐지. 니가 그때 한참 연기에 물이 올라
　　서 후배들은 몰랐을 거야. 그러니 좋다고 따라다니지. 아휴,
　　이런 찌질이 궁상인 것도 모르고.

공　연기?

영　원래 약한 것들이 자기를 과장하고 그러잖아? 대가리에 피
　　도 안 마른 게 겉멋만 잔뜩 들어서 고독한 척하고, 진지한
　　척하고, 그러니 당연히 카리스마 있어 보이고, (잠깐 눈치를
　　보며) 기분 나빠하지 마. 니가 졸라 쫄보라는 걸 잘 숨겼다
　　는 칭찬이야. 지금보다 나았네 뭐.

공　(고개를 숙인 채) 내일모레 50이다. 졸라? 대가리? 말 좀!

　　영은 고개를 숙이고 눈만 치켜뜬 채 공을 보며 비웃듯 말
　　한다.

영　인생 헛살았구만. 야 원래 인생이란 게 그렇게 좀 상스럽고,

좀 후지고 그런거야. 지가 얼마나 우아하게 살았다고.

공 넌 매사.. 참.

영 니가 그렇게 만들어 줬잖아요. 창조주님.

공 (호흡하고) 그래, (체념한 듯) 그렇다 치자. 아! 참! 수향 언니! 그 언니도 있네.

영 야야야 야야 (말을 막으려고 해 보지만 결국 실패한다)

공 그 언니도 어떻게 못 하는 게 하나도 없어? 애들도 착해, 남편도 착해, 경제적으로도 여유 있고 학벌도 좋아. 무엇보다 본인 자체가 엄청 유능해. 그러니 모든 사람이 다 좋아하지. 보통 그러면 약간 얄밉잖아? 근데 그 언니는 성격도 좋고 세상 솔직하고 착하다. 그러니 미워할 수가 없어. 이건 뭐 적당히 잘나야 경쟁하면서 약 올라하지. 완전 태산이니. 그냥 납작 엎드려서 완전 리스펙 하는 거지. 나의 롤모델.

영 헛된 꿈이다. 롤모델 같은 소리 하고 자빠졌네. 야 그냥 리스펙이나 해. 가지고 태어난 팔자부터가 질이 달라. 기준이 그렇게 높으니 스트레스를 받지. 롤모델 바꿔.

공은 천장을 한번 보고 다시 어깨를 축 늘어뜨린다.

공 (헛웃음) 흡, 그래서 난 늘 포기가 빨랐나 봐. 어차피 간당간당한 2등도 아니고 엄청 차이 나는 2등이니까. 선두그룹,

주류 뭐, 그런 건 빠르게 포기를 했지. 뭐 경쟁이 싫기도 했고. 어차피 안 될 거 아니까.

영 잠깐! (손으로 말을 가로막으며) 여기서 하나만 정정하자. 넌 경쟁이 싫었던 게 아니라, 무서웠던 거지. 그래서 도망친 거고.

공 그게 그거지.

영 그게 그거가 아니지. 싫어서 안 한 건 주체적인 거, 무서워서 도망간 건 비겁한 거, 완전 다르지.

공 맞다.

잠시 어색한 침묵이 흐른다.

영 근데 왜 그렇게 1등이 하고 싶었냐?

공 안 해봤으니까? 그리고 꼭 1등이 하고 싶었던 건 아니야.

영 그렇지. 내가 비밀 하나 알려줄까? (주머니에서 무언가를 꺼내며 공 입에다 밀어 넣는다) 야! 일단 이거 이거 하나 먹어. 요거 요거, 금박까지 다 씹어서 먹어라.

공 (약을 씹어 먹으며) 무슨 얘길 할라고?

영 다 먹었어? 준비 됐지? 그럼 잘 들어. (사이) 넌 있지. 1등에는 전혀 관심이 없었어.

공 (고개 숙인 채 담담하게) 치, 약이 아깝다.

영 끝까지 들어 쫌! 자꾸 맥을 끊어. 김새게.

공 (웃으며) 들을게. 말해봐.

영 넌 말이다. 경쟁에는 딱히 관심 없어요. 그냥 게으르고 태만한 관심종자일 뿐이야. 관심종자 뭔지 알지? 1등은 개뿔. 그냥 노력은 안하고 졸라 관심만 받고 싶은 거지.

공 나 내성적이라 관심받는 거 별로 안 좋아해. 그래서 무대 공포증도.

영 (말 가로막으며) 그렇지. 쉽게 인정하기 어렵겠지. 그럼, 쉽지 않지. 제일 꼴 보기 싫은 종자들이 관종이라고 맨날 입에 달고 다녔는데 그거 인정하기가 쉽겠냐? 하지만 인정할 수밖에 없을걸? 왜? 아빠가 김 선생님이라는 이유로 넌 아무 노력 없이 관심을 받았거든. 그런 게 너무 익숙 하지. 쉽게 말해 그런 관심에 길들여진 거야. 그리고 원래 관심은 내성적인 애들이 더 강하게 느끼는 욕구야. SNS 성실하게 하는 것만 봐도 넌 완전 빼박이야. 근데 1등을 못 하니 관심을 못 받고, 그러니 심사가 꼬이지. 근데 또 전두엽은 남들보다 졸라 발달했네. 그러니 그게 또 죄책감이 됐을 거고. 근데 천성이 게을러터져서 노력 하기는 귀찮고.

공 악순환이네.

영 그렇지. 악순환의 '뫼비우스의 띠' 같은 거라고나 할까.

47

ㄴ. 성실은 재능을 이기지
못하는 거였어.

공 안토니오 살리에리도 관종이었을까?

영 당근이지. 관종의 욕망은 열등감을 만들고 그 열등감 때문에 더 남들의 시선에 집착하고, 돌아버리는 거지.

공 맞아.

공은 다시 크게 한숨을 쉰다.

공 나도 돌아 버린 것 같아.

영 또또! 막 비교하고 그러지 말라니까! (무심하게) 그리고 넌 한 놈한테 집착하는 스타일은 아니야. 그냥 소심하게 질투나 하지. 아니, 아니. 오히려 쌩까지, 근데 그 새낀 그게 안 되는 거고. 넌 집착보다는 회피 쪽이라 찌질하지만 덜 추해. 적어도 남한테 피해는 안 주니까. 그나마 불행 중 다행이라고 생각한다, 진짜.

공 씁쓸하네.

영 요즘은 그런 걸 웃프다고 한단다. 근데 전지적 살리에리 입장에서 보면 열 받지. 궁중 음악가 자리까지 가려면 얼마나 피똥 싸면서 노력을 했겠냐고. 근데 갑자기 어디서 갑툭튀 알콜 중독자 듣보잡이 나타나서 더 주목받고 씨발, 근데 막 잘해. 게다가 사람들이 천재라고 추켜 세워! 열 받지! 완전 돌아버리는 거지. 아니, 하면 다 된다며? 살리에리도 꼰대들한테 그렇게 배웠을 거 아니야. "라떼는 말이다" 그러면서. 근데 현실은 그게 아니 거든. 절대 노력으로 재능을 이길 수가 없어요. 물론 노력으로 오래 할 수는 있어. 천재들 다 죽어 없어질 때까지. 원로로. 뭔 말인지 알지? 결국 베토벤 슈베르트처럼 날고 기는 애들 제자 삼으면서 오래오래 살았잖아. 모르지 또. 음악보다는 선생에 재능이 있었는지.

공 나도 버틸까? 원로 될 때까지?

영 그래, 뭐 이미 원로 반열에 들어서기도 했고.

공 시끄러워.

영 그러고 보니 너도 살리에리처럼 음악보다는 교육이 더 잘
맞을지도 모르겠다. 아! 진짜 그러네! 야! 재능을 살려!

공 교육? 좋지. 애들만 보고 교육만 할 수 있으면 하지. 근데
안 해. 재능이 있어도 그건 안 해. 안 하고 싶어. 난 그 영
혼없는 교육행정을 보면서 인류애를 완전히 잃었거든. 진짜
애들 빼고 다 싫었어. 그 꼰대들. 지긋지긋해.

영 니가 트라우마가 깊구나. 아무튼 예나 지금이나 인간을 망
치는 건 다 겁 많은 쫄보들의 꼰대질이라니까.

공 너도 꼰대야.

영 야 내가 애들한테 그러데? 나야 너에게 딱 최적화된 맞춤형
조언 서비스고. 아무튼 인생을 글로 배운 것들이 또 글로
인생을 가르치려 드니.. 계속 악순환인 거야. 노력을 이길
장사는 없다고? 노력은 쥐뿔, 인생은 결국 운칠복삼이더만.
말하는 대로? 그것도 다 유느님이나 되니까 그렇게 말할 수
있는 거지. 노숙자한테 그 노래 들려줘 봐. 씨. 따귀 맞지.

공 야! 그래도 기본적인 노력은 해야지. 그것도 안 하면 되냐?
그거야말로 도둑놈 심보지.

영 (조롱하듯) 아 네네. 근데, 내 말은 재능은 노력이나 성실로 이길 수 있는 게 아니라는 것도 알려줘야지. 봐, 오디션 프로그램만 봐도 딱 답이 나오잖아. 누가 탑텐 안에 들어가는지. 예선만 봐도 알겠더만. 토너먼트 좋아하시네. 잘하는 거? 절박한 거? 최선을 다하는 거? 진심인 거? 그게 다 무슨 소용인데? 어차피 방송국 놈들한테는 매력적으로 잘 타고나서 상품성이 있음 되는 거지. 오로지 시청률을 위한 도구인데.

공 그러게. 참 가혹하다. (사이) 참 애들은 어떻게 됐으려나?

영 누구?

공 레슨하던 애들. 사실 레슨 하면서 속으로 누가 누굴 가르치냐, 싶은 놈들이 몇 있었거든. 정말 타고난 놈들은 다르긴 다르더라. 애휴, 다 지들 재능 펼치며 살라나?

영 재능은 무슨? 운칠복삼이라니까! 그리고 재능이 있고 없고 그렇게 단순한 문제가 아니라고. 생각해봐. 애들 조금만 가르쳐보면 딱 몇 가지 스타일로 정리가 되잖아. 일단 음악을 너무 좋아하는데 그만큼 재능도 있고 성실하고 게다가 매력도 있는 아주 딱 재수 없는 스타일.

공 부럽고 기특하지. 왜 재수가 없어.

영 질투 나서 그런다. 그래도 뭐, 그런 애들이 좀 있어줘야 니가 선생으로서 좋은 상품이 되니까 나름 소중한 애들이지.

공   어휴, 자본주의 노예.

영   시끄러워. 재능기부 노예보다는 니아. 그리고 누가 애들이
     재수 없대? 저 위에 계신, 뭐 어쨌든, 그런 애들이 또 인성
     도 좋아, 열 받게. 젠장 어떻게 그렇게 한 사람한테 몰빵을
     하냐고. 젠장, 정치건, 팔자건 늘 분배가 문제야.

공   맞아! 딱 거기서 한 끗 차이로 매력이 없는 애들이 있어. 실
     력은 차이가 없는데 이상하게 매력이 없어.

영   슬픈 거지. 그런 애들은 모 아니면 도야. 2등 하거나 예선
     탈락. 왜? 매력이 없거든.

공   짠해. 그런 놈들은.

영   그 다음이 재능도 있고 좋아도 하는데, 성실하지 않은 애
     들. 캬, 애들이 또 진짜 인간적이지. 노는 거 좋아하고, 게으
     르고, 매력도 있고, 이런 놈들이 진정한 딴따라지. 근데 오
     래 못 해. 매력발산 하다가 요절하거나, 게을러서 낙오하거
     나. 요런 게 바로 우주의 질서고 공정한 사회인 거지.

공   공정, 좋아한다.

영   세 번째는 좋아하지도 않고 재능도 없는데, 소 새끼처럼 성
     실한 애들. 이런 애들은 지들 재능 따로 있는데 남들 다 하
     니까 그냥 하는 거야. 시간 낭비에 돈지랄인 건데.

공   그래서 니가 그렇게 엄마들 설득하라고 한 거구나.

영   아 맞네. 내가 그랬네. 야! 그땐 내가 인생의 쓴맛을 모르고

어차피 남의 집 눈먼 돈인데, 뭐하러 그랬나 몰라. 돈이나 벌면 되는걸. 참, 가진 것 없이 나이만 처먹으니까, 이젠 그런 것도 후회가 되네.

공 (웃으며) 아니야 그건 잘했어.

영 네 번째, 재능도 없고 잘 하지도 못하고 성실하지도 않고 겁나 싫어하는데, 엄마를 못 이겨서 억지로 하는 애들.

공 (다리를 꼬며) 그런 애들이야말로 말려야 하는데.

영 뭐하러? 그런 애들 엄마는요, 어차피 너도 못 이기고 걔도 못 이겨. 애들이 다 지쳐서 매가리가 하나도 없잖아. 그런 애들은 그냥 대충 가르치면서 수다나 떨다가 보내면, 애들도 좋고 나도 좋고. 그런 애들이 또 은근 오래 해요. 돈만 생각하면 뭐 아주 좋은 고객들이지.

공 그렇게 말하지 마라. 애들인데. 진짜 짠해. 그래서 걔들이 날 많이 좋아했지. 엄마보단 나으니까

영 좋아했다기보단 널 이용한 거지. 등신아.

공 애들이 무슨.

영 하긴, 쌍방으로 이용한 거니까, 윈윈이네.

공 (그냥 웃는다)

년 사실 불쌍한 걸로 따지면 너 같은 애들이 제일 불쌍하지. 엄청 좋아하거든? 열심히 하고. 근데 특출나진 않아. 그렇다고 또 아예 소질이 없는 건 아니야. 애매한 거지. 이런 애들

은 또 지가 가진 엔진에 비해 욕망이 졸라 커요. 그러니 방법 있어? 무조건 쥐 잡듯 하는 거지. 요런 애들이 또 지구력도 강해요. 그러니 포기를 못 하지. 좋아하니까. 근데 생각해봐. 마음이 얼마나 지옥일 거냐고. 지들도 눈 있고 귀 있으니까, 들어보면 딱 알잖아. '와 이 새끼는 진짜 때려죽여도 못 이기겠구나' 싶은 애들이 있다고. 보면 딱 알잖아? 그럼 그때부터 마음이 불편해지는 거지.. 그냥, 그걸 받아들이면 편한데 그게 또 지 맘대로 안 되니 돌아버려요. 조금만 더 열심히 하면 될 것 같고 막. 아무튼 상대방은 모르는 혼자만의 싸움을 하는 거야. 그것도 졸라 치열하게.

공 알지. 너무 잘 알지.

영 그런 애들이 버티는 힘이 장사거든. 하긴, 여태 이 짓거리로 먹고사는 애들이 별로 없는 걸 보면, 너도 버티는 힘은 장사다. 모자란 재능으로 버티기 위한 발악으로 기골만 장대해져서. 버텨보겠다고 그냥! 에이 불쌍한 천하장사!!

공 (웃으며) 기골이 장대하기는. 근육도 없다는데.

영 웃긴, 병신. 그리고 골과 근은 다른 거야. 쯧, 하긴 뭣이 중요겠냐.

공 (그저 웃기만 한다.)

5. 도망치다 얻어걸린
   어쩌다 마주친 재능.

공 언제 알았어?

영 뭘?

공 피아노에 재능 없는 거.

영 일찍 알았지. (흘끔 쳐다보며) 주아 언제부터 미워했어?

공 글쎄, 초등학교 저학년 때쯤?

영 그럼 그때부터네. 젠장, 맨날 동네 사람들이 칭찬을 해대니 알 수가 있나고. 우물 안 개구리지. 애를 영 못쓰게 망쳐놨어.

공 (허탈하게 웃으며) 난 내가 천재인 줄 알았다. 옆에서 자꾸 잘한다, 잘한다 하니까. 그리고 내 생일이 베토벤 죽은 날 이잖아. 그래서 혹시나.. 환생? 뭐 그런.

영 그건 뭐, 샤머니즘도 아니고 윤회설? 같다 붙이긴. 넌 베토벤 같은 전설의 천재가 될 수 없어. 조건이 안 맞아!

공 (놀란 토끼눈으로 영을 본다)

영 요절!! 요절해야 전설이 되지. 너도 알지? 대부분 천재들은 요절한거! 근데 넌 요절하기엔 이미 너무 늙었어.

공 웃어야 하는 데 참, 웃음이 안 나온다. (잠시 바닥을 내려 보며 숨을 내쉬고) 왜, 그때 그만두겠다고 안 했을까?

영 못하지, 좋아하니까. 그리고 노력하면 뭐 어떻게든 될 줄 알았겠지. 너라고 뭐 별수 있어? 어른들이 노력하면 다 된다니까 또 졸라 열심히 했겠지 뭐. 그리고 피아노야 그냥 그랬지만 쓸데없는 음악적인 재능이 있긴 했잖아? 소 뒷걸음질 치다 발견된 골 때리는 재능.

공 아! (웃는다) 사실 어릴 때는 그게 재능인지도 몰랐어. 다른 사람들도 다 하는 건 줄 알았지.

영 잔소리 듣기 싫어서 딴짓하다 개발된 거긴 하지만, 덕분에 잘 들을 수 있었잖아. 쓸데없이 더럽게 디테일한 귀.

공 그러니까. 재능은 재능인데, 그게 또 재앙이기도 해.

영 아니 엄마는 그렇게 애를 쥐 잡듯 혼내면서 음악은 왜 틀
어? (호들갑스럽게) 교양 있는 사모님 체면 깎일까 봐 그랬
나? 혼나는데 BGM으로 차이콥스키의 피아노 협주곡이 깔
려, 어후~ 소름! 근데 너무 웃기지 않냐? 손바닥 때리면서
<선구자>가 웬 말이냐고! 크크크, 개 코미디. '이일송정 푸
른 솔은~~~' 찰싹! (손바닥 때리는 시늉을 하며) 아하하!

영은 선구자를 노래하고 영을 바라보는 공은 웃지 못한다.
멋쩍어진 영은 노래를 멈춘다.

영 뭐 나름 조기교육이다. 엄마의 큰 그림이었을 수도 있고. 근
데 진짜 어떻게 악기가 하나씩 따로 들리지?

공 집중해서 들으면 들려. 엄마 잔소리보단 나으니까. 작정하고
들으면 오케스트라에서 첼로 소리만 더 크게 들리고, 4중창
을 들어도 목소리 하나를 집중하고 들으면 그냥 파트 악보
가 머릿속으로 그려졌던 것 같아. 근데 그것보다는 질감이
지. 현과 활이 마찰할 때 나는 소리의 질감. 관을 통해 숨
이 지나가는 질감, 노래할 때 숨을 들이마시고 내쉬면서 소
리와 섞이는 질감.

영 야 그만해. 너무 변태 같아.

공 난 혹시 내가 좀 특별한가? 그런 생각도 했던 것 같아. 뭐 나름, 부심이 있었지.

영 그랬지. 그러니 시험 기간에 공부 안 하고 청음 사보 하다가 교양 D 맞고 재수강을 했지. 쓸데없는 것에 공 들이는 건 예나 지금이나 똑같네. 사람 참 안 변해.

공 아 그랬네. 뭐였더라? (영에게 물어보듯이) 뭐였지?

영 스메타나의 몰디디디디디디디아우

공 아! 몰다우. 아 맞아. 몰다우! 진짜 추억이 방울방울이다. 참 그거 찾아보면 어디 있을 텐데. (쓸쓸하게) 절대음감은 아닌데 귀가 좋긴 했어, 그치?

영 그랬지. 귀는 좋았지. 성대가 후져서 그렇지.

공 그러게.

영 아주, 그놈의 귀 때문에. 미분음만 떨어져도 지랄하고. 야! 애들이 너랑 노래방 가는 거 되게 싫어했어. 노래도 못하는 년이 더럽게 참견한다고. "플랫됐다 샵 됐다. 숨! 숨!" 아후, 지는 소리도 못 내는 년이 말이야.

공 그러게. 그게 또 들리니 거슬리더라. 근데 지금은 잘 안 들려. 귀도 다 된 거지. 귀도 같이 늙어가는 중.

영 아니던데. 녹음 때 숨소리에 집착하는 거 보면.

공 아! 다행히 숨소리는 아직 들려. 숨소리가 너무 좋아. 가사나 멜로디보다 가수의 호흡이 먼저 들리는데, 호흡을 들으면 노래를 알고 부르는지 그냥 입 벌리고 소리를 내는 건지 알 수 있어.

영 어후 불편해. 생각만 해도 토 나올라고 그래. 야! 그러니 괴롭지. 어차피 너만 들리는데, 그걸 가지고 고집부리고 시간 끌고. 제대로 설명이나 잘 해주던가, 배우랑 연주자들은 죽어나고, 엔지니어는 눈치 보고, 녹음실 비용은 올라가고,

공 그럼 어떻게 해, 들리는데. 들리니까 거슬리고.

영 아니 그 재능을 주둥이나 손가락에도 좀 나눠서 주지. 주둥이 빵, 귀 백! 이런 식으로 몰빵을 하면 뭐 어쩌라는 거냐고! 그러니까 애가 어! 막!

공 내 말이. 어차피 이번 생은 글렀지 뭐. 다시 태어나면 모를까. 만드는 거라도 좀 잘했으면 좋겠는데.. 하긴 만들면 뭐 해, 기회가 없는데. 아무도 먹지 않는 음식을 계속해대는 요리사 같아. 만들자마자 쓰레기통으로 직행하는 음식물 쓰레기 같은...

영 가혹하네. 도망치다 얻어걸린 어쩌다 마주친 재능이 독이 들어있는 초콜릿이었다니.

6. 맛볼 수 없는 요리사의 비애

공 그래서 늘 공허한가 봐.

영 (공을 놀리듯 깐족대면서) 그러니까. 잔인한 것들. 노래 부르겠다고 노래 동아리 들어가면 반주하라고 하고, 합창단 들어가면 편곡시키고, 틀리는 놈 잡아내는 앞잡이나 시키고 말이야.

공 이번 생은 글른 거겠지?

영 알면서 뭘 물어? 이건 뭐 성형이나 다이어트처럼 돈 들어

의술로 뭐 어떻게 해볼 수 있는 것도 아니고.

공 내가 만든 노래가 내 몸통을 통과해서 내가 만든 의도대로 감정을 표현해서 소리 낼 수 있으면.. 안 되는 거 아는데도 참, 그래. 난 그 소리를 늘 상상만 하고..

영 참.. 모자가 되고 싶은 신발의 꿈같은 거로군.

공 그게 안되니 잘 만들어 대리만족이라도 하고 싶은 건데, 그 기회마저도 나한테는 참 박하네. 뭐가 이러냐.

영 넌, 정말, 참.. 욕망이 너무나 디테일하다.

공 자기가 만든 음식을 맛볼 수 없는 요리사 같은, 그런 답답함 알아? 맛을 다 알아, 식감도 다 기억나, 근데 먹을 수가 없는거지.

영 아, 긴 시간 알레르기와 싸워서 그런가 비유가 아주 그냥 딱이네. 아주 찰떡이야.

공 차라리 음식을 만들 수 없었으면 나았을까? 만든 음식을 먹을 수 없으니까 맨날 사람들 표정만 보게 돼. 자꾸 눈치 보게 되고. 잘 한 건지, 아닌 건지 확신이 없으니까 힘들어. 근데 그나마도 지금은 먹을 사람도 없는 요리를 계속 만드는 꼴이니. 지치지. 이젠 진짜 지친다.

영 음식을 못 파는 건 요리 실력보단 목이지, 안 그래? 넌 목 고르는 재주가 없는 거야! 어디 산중호걸이나 살 것 같은 곳에서 요리를 만들면 그게 팔리냐? 그러니까 그런 재주 있는 사람이랑 같이 일해. 그럼 되겠네.

공 부탁할 만큼 친한 사람도 없고, 친구도 없고.

영 아이고. 사회성! 그러게 사회성이 부족하네. 야, 이건 너무 치명적인데? 야! 넌 지금 재능이 문제가 아니라 사회성부터 길러야겠다. (사이) 근데, 그럼 만드는 건 싫어?

공 싫고 좋고의 문제가 아니야. 그건

영 뭔 소리야?

공 그냥 계속 생각이 나. 비 오면 빗소리 때문에 뭔가 만들고 싶고, 지나가다 밟힌 민들레를 보면 민들레의 입장이 돼서 뭔가 만들고 싶고, 카페에 앉아서 뒷자리에서 떠드는 여자들 수다를 들으면 '아! 저런 거 대사로 써보면 좋겠다.' 뭐 그런.. 하루 종일 그냥 생각이 나. 그냥 스멀스멀. 생각하려고 해서 하는 건 아니고 그냥 느껴지면 표현할 수 있는 것들을 생각하게 돼. 그러니까 그냥 하는 거야. 멈춰지지 않으니까. 만들면서 그게 현실이 되는 상상을 하면, 뭐랄까. 살아있는 느낌이 들어. 근데 실상 현실로 구현을 할 수가 없으니까 살아도 살아있는 느낌이 안 드는 거지.

영 병이네 병. 그거 무슨 증상 아니냐? 뚜렛 증후군처럼, 그냥 아무 때나 막! 어?

공 그런 것 같기도 하고, 아무튼 내 요리 맛이라도 알 수 있게 먹어볼 수 있으면, 안 팔려도 그런 대로 참아질 것 같은데.

영 역시 이상주의자. 돈 받고 팔 생각을 해도 모자랄 판에.

공 아 맞다! 맞다! 이젠 맛을 못 봐도 좋으니 눈치 볼 손님이라도 있으면 좋겠다. 지금은 뭐라도 해야 하긴 하는데. 돈만 주면 다 할 수 있을 것 같은데..

영 젠장. 온갖 알레르기로 점령당한 몸뚱이에 대장금의 미각을 동시에 주면 어쩌냐고.

공 오. 재치있는 비유. (웃는다)

영 웃기냐? 이 와중에 웃네. 속도 없는 년. 그러니 그걸 귀신같이 알고 싸게 부려먹을라고 쌍놈의 새끼들이 덤벼들지..

공 그러게나 말이다. 이마에 써있나? 호구라고?

영 나쁜 새끼들. 일은 맨날 공짜로 시켜 먹고, 방송국 놈들보다 더 나쁜 놈들이 공무원 놈들이라니까. 5천원 쥐여주고 500만원짜리 뷔페 상 차리라고 하는 주제에 거지 적선하듯 돈 몇 푼 쥐여줬다고, 음식 맛이 좀 괜찮은 것 같으면 지가 만든 것처럼 싹 뺏어가고. 개새끼들..

공 뭐.. 하루 이틀인가.

영 야 정신 차려! 니가 적선받듯 받은 그 돈이 다 니가 낸 세금이야. 저럴 때 보면 영락없는 병신 쪼다라니까. 야 그리고 너네 하느님도 그래. 맨날 남들 먹일 음식만 만들게 하고 먹지도 못하게 알레르기를 싹 다 몸뚱이에 밀어 넣으면 어쩌냐고. 맛도 기억하고, 씹을 때의 식감도 다 기억하는 애한테 알레르기랑 식탐을 같이 주면 그게 죽으라는 소리지 안그래? 그러니 애가 삐뚤어시지. 야! 그냥 삐뚤어져! 막살 아!

공감해 주는 영의 반응에 공은 웃음이 난다. 하지만 잠깐 얼굴에 미소만 스칠 뿐 다시 한숨을 내리 쉬며 바닥만 바라본다.

공 그 결핍이 사람을 되게 갈증 나게 한다.

영 물 마셔!

공 됐다! 치.

영 기도합시다 지매님. (손을 모으고 눈을 감는다) 듣는 귀만 더럽게 고퀄로 만들어 놓고 입을 꿰매 놓으신 주님. 그렇게 성대에 축복을 내리기 어려우셨다면 그 재능을 손가락에 라도 좀 나눠주셨어야죠. 그럼 악기라도 잘했을 거 아니냐고요. (눈을 뜨고 다리를 꼬고 손을 무릎에 얹으며) 그것도 아님, 사기꾼 같은 비상한 머리라도 주시던가. 아니면 썰 잘 푸는 사짜의 주둥이를 주시던가, 암튼 뭐라도 줘야 먹고살지. 돈도 안 되는 이상한 재능만 줘가지고. 씨발 야! 그냥 삐뚤어져! 무대에서 날고 싶어 안달 난 이런 관심종자한 테, 부끄러움과 무대공포증이 웬 말이냐고. 그래, 백번 양보

해서, 무대 뒤에서 쭈그리고 앉아 악보만 그리게 창조를 했으면 그 악보를 써먹을 기회라도 줘야 할거 아니냐고! 씨발! 이건 뭐 그냥 엿 먹으라는 거야! 게다가 돈도 못 받고 맨날 이리저리 불려 다니기만 하는 실속 없는 재주넘는 곰으로..

공 놀리냐?

영 아니, 욕하는 건데.

공 누구한테?

영 애를 이렇게 부족함이 많은 하자투성이로 만들어 놨으면 A/S라도 해줘야 할거 아니냐고! 그래서 심보 고약한 저 위에 있는 저 분한테 한마디 할라고 그런다. 왜!

공 (영의 말을 가로채듯 급하게 말한다.) 하지 마.

영 하고 싶은데!

공 그러는 거 아니야. 눈 감아. 기도 합시다. 자매님.

영 허! 정말 자매님은 졸라 너그러우시네요. (사이)치! 편을 들어줘도 지랄이야! 기운 빠지게. 그래그래 평생 그렇게 무료로 재주나 넘어라. 이 미련 곰탱이야.

공은 쓸쓸하게 웃는다.

1막 2장.

도전인 줄 알았던

36계 줄행랑의 역사

1. 희소성은 나의 무기
   음대 출신 운동권.

영 그러게 뭐하러 음대를 가! 그냥 공부나 하지.

공 후회돼.

영 (놀란 듯 고개를 돌려 공을 쳐다본다)

공 우리 애들을 보면서 느끼는 건데, 난 그 나이에 우리 애들
만큼 내 인생에 대해서 진지한 적이 없었어. 그냥 엄마가 피
아노 전공하자고 하면 그러겠다고 하고, 작곡으로 바꾸자고

하면 또 그러자고 하고. 아무 생각이 없었던 거지. 음대 가면 수학은 안 해도 되겠다. 뭐, 이런 한심한 생각이나 하고. (고개를 푹 숙이고 침묵하다가 고개 들며) 있지, 내가 엄마한테 기자 되고 싶다고 말한 적 있다. 웃기지? 후.

영 기자라. 사회성도 없는 애가, 하긴 타고난 반골이니 또 어찌어찌 어울리긴 한다. 기자 했음 좀 잘했을라나?

공 뭐 글쎄, 안 해봤으니 모르지. 그땐 그냥 멋져 보여서. 사실 기자가 뭐 하는 건지도 잘 몰랐고. (사이) 근데 엄마가 기자 하려면 수학 잘해야 한다고 해서 바로 접었어.

영 현명하네. 역시 엄마! 엄마가 너 기자 한다고 깝죽대다가 괜히 데모나 하고 다닐까 봐, 딱 큰 그림 그려 놓고 음대 보내 놨더니 거기 가서 데모를 하고 자빠졌네! 환장하게. 엄마는 진짜 대차게 뒤통수 맞으신 거지. (사이) 진짜, 자식새끼는.

공은 웃는다.

영 게다가 음대 최초 부총학생회장. 와! 요 타이틀이 또 얼마나 유혹적이야! 안 그래?

공 그때 애들은 다 뭐 하고 사나 궁금하네. 보고 싶은데 연락이 다 끊겨서.

영 애 좀 봐라? 지가 싫어서 다 연락 끊어놓고 뭔 소리야?

공 내가? 내가 그랬니..

영 넌 무슨 기억을 이렇게 띄엄띄엄하냐? 다 지한테 유리하게. 하긴 뭐, 영 쪽팔렸나 보지. 다 가짜였으니까.

공 그렇게 말하지 마라. 그때의 나도, 나다.

영 그렇게 말하지 마라. 그때의 너는, 배우였다, 부캐, 알지? 부캐릭터. 아우! 그러고 보니 아주 시대를 앞서간 년일세. 알고보니 문화 예술계의 선구자였어. (웃는다)

공 (씁쓸하게 웃으며).. 그래도 뭐, 그때 이래저래 많이 배웠지.

영 그치. 니가 그때부터 멀티플레이어 싹수가 보였지. 대자보도 잘 써, 나무에 기어올라가 현수막도 잘 달아, 노래도 만들어, 반주도 해, 축제 기획도 해, 술도 잘 먹어 뭐, 못 하는 게 없었지. 아! 그때도 서류는 못 썼다.

공 다재다능이 꼭 좋은 건 아니야.

영 하긴 모시는 주인이 졸라 많은 노예지 뭐.

공 그러게. 난 어차피 소모품인데 뭘 그렇게 죽자 살자 열심히 했나 몰라.

영 열심히 해야지. 안 들키려면. 다 연기였는데, 원래 도망자가 전력 질주하는 법이거든.

공 도망?

영 성실함으로 어떻게 차석으로 입학은 했는데, 가서 보니 200

명 중 나만큼 하는 애가 한 180명은 있어. 그러니 재빨리 얕은 재능으로도 인정받을 수 있는 데로 도망친 거지. 나름 좀 한다고 동네에서는 날렸는데 대학 가보니 뭐 애들이 어떻게 다 잘해. 게다가 돈도 많고 이쁘기까지 해. 가자마자 본능적으로 안 거야 아! 여기선 내가 관심받기는 글렀구나.

공 (웃으며) 사실... 그런 마음이 없진 않았지.

영 뭘 또 그렇게 빠르게 인정을 하냐. 말한 사람 미안해지게. 뭐 그리고 다른 사람이라고 다를까? 나보다 좀 나은 거 보면 심사 꼬이고, 나보다 못한 거 보면 위로하는 척하면서 속으론 기분 좋아지고 안심되고, 인간이 원래 아주 못돼 처먹은 종자들이거든.

공 (웃으며) 인정. 근데 난 뭘 믿고 그렇게 열심히 했을까? 정말 사회가 바뀔 거라고 믿었을까?

영 설마요. 뭐 조금 그런 마음도 있었겠지. 넌 어렸고 멍청했으니까. 근데 그건 1할, 나머지 99할은 그냥 겉멋, 허세, 낭만, 소속감? 그리고 희소성 프리미엄. 뭐 이런 거 아니었겠어?

공 (웃으며) 에이씨! 그것도 인정! (풀 죽은 목소리로)

영 불행중 다행이다. 거기서 도망친 건 내 칭찬한다. 도망도 타이밍이 중요하다니까!

공 선배들 모습을 보면 진짜 식겁 하더라. 물론 존경스러운 면도 있었지만, 뭐랄까. 순수하지 않은 돈키호테 같다고나 할까? 돈키호테는 순수하잖아? 근데 선배들이 그렇게 보이지는 않더라고. 뭐, 나도 마찬가지였고.

영 이럴 때 보면 주제파악도 되는 것 같은데...

공 (바닥을 쳐다보며 웃는다)

영 아무튼 잘했어. 게을러서 지 한몸 건사하기도 버거운 년이 무슨 사회를 위해서 인생을 걸어! 씨알도 안 먹힐 소리지. 그리고 그것도 재능이 있어야 할 수 있어. 니가 거기서 인정받을 수 있었던 건 그 바닥 특수 학과인 음대생이었기 때문인 거잖아? 희소성. 안 그래?

공 (계속 바닥만 보고 웃는다)

영 아우, 우리 관종. 그때 한참 좋았겠네. 얼마나 관심을 받았을 거야! 안 그래? 그러니 그냥 몸이 부서져라, 소모품 노릇을 했을 거고.

공 그래, 좋더라. 관심받고 그러니까.

영 오우! 많이 용감해지셨네. 솔직해진 걸 보니. 하긴 몇 살 차이도 안 나는 것들이 선배랍시고 이놈 저놈 다 주인행세를 하니 그놈의 반골기질에 얼마나 개 빡쳤을 거야? 근데, 싸울 용기는 없고, 그러니 냅따 줄행랑친 거고.

2. 가치? 관종 호구들의 무덤

영 그래 놓고, 또 제 발로 거길 또 들어가고 싶든?

공 그때랑은 다르지.

영 다르긴 뭐가 달라.

공 달라. 내가 선택한 내 인생에 가장 큰 용기였고 변화였어.

영 하긴 노무현 대통령이 사람 만들었지.

공 진심으로 존경했었어. 뭐랄까, 의지할 데가 없었는데 의지할 어른이 생긴 것처럼.

영 부모님 들으시면 서운하다. 나쁜 년. 밥 해먹이고 돈 들여서 키워놨더니 의지할 데가 없네.

공 아니, 부모님은 워낙 걱정이 많으시니까.. 의지를 못 하겠더라고. 말하면 걱정부터 하니까.

영 노무현 대통령은 니 말을 들어주시던?

공 (웃으며) 만난 적도 없어. 그냥 믿고 따를 수 있는 어른스러운 어른? 태산처럼 큰데 무섭지 않고, 한 번도 만나본적 없는데 오히려 아주 가깝게 느껴지는 그런 분이었어, 인간들이 다 썩었다고 생각할 때 그 분을 보면서 그렇지 않을 수도 있다, 뭐 이런 생각을 했던 것 같아. 거창하게 말하면 그 분을 통해서 인류애를 느꼈달까.

영 하긴 그러니 그렇게 돌지. 어쨌든 그분 덕분에 그렇게 원하던 대중음악 작곡가로 데뷔도 하시공.

공 그러니까. 평생 난 편곡이나 하면서 살 줄 알았는데 노무현 대통령 덕분에... 아 근데 이렇게 말하니까 너무 좀.

영 괜찮아. 뭐 어차피 넌 존재감이 없어서 상관없어.

공 대통령 덕분에 좋은 사람들도 만나고, 정치가 왜 필요한지도 알게 되고, 무엇보다 작곡가로 길도 열어주시고. 음.. 어떻게 살아야 하는지 나침반이 되어주신 분이야.

영 사람 보는 안목도 키워주시고, 쓰레기 같은 종자들 감별법도 알게 해 주시고, 사실 정당생활하면서 그게 가장 큰 성과였다고 본다, 난.

공 인간의 주둥이를 믿어서는 안 된다. 오로지 그 사람의 선택만 진심이다.

영 옳지 잘한다. 근데 말이다, 다음 생에는 피해라. 능력도 없고, 사람 보는 안목도 없고, 딱 호구되기 좋아. 그 바닥에선 너 같은 건 이용해먹기 아주 딱 좋은 먹잇감이거든. 세렝게티의 기린. 눈에도 잘 띄고, 남다른 기능도 있고, 느리고, 게다가 눈치도 없어서 지가 이용을 당하는지 인정을 받는 건지도 잘 모르고.

공 알아. 됐어. 그냥 좋은 사람들 만난 걸로 퉁칠래. 사람은 남았잖아. (갑자기 풀죽은 표정으로) 아니다. 그것도 아니다.

영 (말을 가로채서) 좋은 사람이 뭐, 그 사람들이 밥을 줘, 아님 기회를 줘? 좋은 사람이 아니라 니가 좋아하는 사람이라고 해. 세상에 남한테 좋은 사람은 없어. 그건 남녀노소 구분없이 모든 호모사피엔스에게 해당되는.. 어! 가끔가다 마더테레사나 이태석 신부님같은 분들이 나타나니까, 지들도 그분들과 동급인 줄 알고 꼴값들을 떠는 거지, 절대 인간들은 이타적일 수가 없어요. 자기의 이익을 위해 이타적인 척은 할 수 있어도.

공 나도 알아. 근데 나한테 잘해 줘야 좋은 사람이냐? 그냥 존재만으로도 위로가 되는 사람도 있어. 그리고 그 사람들이 내가 뭐라고 나한테 기회를 줘? 그런 생각 안 해봤어.

영은 일어나서 의자에 기대어 짝다리를 짚고 말한다.

영 아닌데? 바랬는데? 기대하고, 서운해하고 그랬는데? 재수 없게, 내숭은.

공 뭐 그래, 솔직히 그런 맘이 없진 않았는데, 어쨌든 그쪽으로는 내가 능력이 없어서 그런 거라 서운하지는 않아.

영 그래, 알고 있네. 넌 그쪽으로 능력이 없어. 그러니 가치라는 말에 혹해서 보람이나 따먹고 살라는 수작에 홀랑 넘어가 그 개고생을 하고 살았지.

공 마을교육? 힘들었지만 고마운 기회였어. 나한테도 아이들한테도. 교육의 가치에 대해서 배운 나름 소중한

영 (말 자르며) 야! 이 붕신아! 그게 니가 받은 기회야? 니가 그 사람들한테 기회를 준거지. 이거 진짜 호구네!

공 그렇게 말하지 마. 어쨌든 그 기회 덕분에 하고 싶어 했던 뮤지컬도 했고, 정말 의지가 될 만큼 소중한 아이들도 만나고, 교육에 대해 많이 배우기도 했어. 아이들이 꿈을 찾아가는데 어른들의 역할이 뭔지도 알게 됐고.

영 (말 자르며) 씨발! 하긴 애들 입장에선, 졸라게 꿈을 키워놓

고 착취해가는 이런 거지같은 사회에서는 너같이 살면 인생 좋된 다는 걸 배운 아주 귀한 기회이긴 하다. 야 등신! 니가 니 대가리로 고민하고 니 몸뚱이 혹사해서 니 남편 월급까지 야금야금 빼 써가며 니 능력으로 해놓고 도대체 무슨 기회를 받았다는 거야? 돈? 그 거지 적선하듯 준 그 쥐꼬리 만한 돈?

공 그래도 그 쥐꼬리 만한 돈이라도 받았으니까.

영 아~ 그러세요. 그래 그것도 도움이면 도움이라고 치자. 등신같이 지 능력으로 한 것도 남의 도움인 줄 아니.. 그럼 너만 고생하던가! 니 새끼들! 니가 그렇게 물고 빨고 좋아 죽는 그 새끼들 착취한 건? 그래도 기회야? 뭐 착취의 기회? 걔들이 그 시간에 편의점에서 알바를 했어봐! 지 미래를 위해 학원비라도 벌었지. 이건 시간도 뺏어, 노동력도 뺏어, 돈도 안 줘. 씨발! 그런 생지옥으로 끌어들이고, 기회?

공 그런 식으로 말하지 마! 듣기 불편해.

영 (공을 한심하다는 듯 바라보다가 화를 내며) 그럼 계속 그렇게 살아! 가족들 내팽개치고 그놈의 가치인지 뭔지 쫓아가며 대가 없이도 소처럼 일하면서 착한 척하는 개병신 위선자로 살아!

공 (잠시 침묵 나지막한 목소리로) 행복하려고 한 거야.

영 그럼 행복할 때까지만 했어야지. 니가 무슨 용가리 통뼈라고, (사이) 마을 교육공동체? 야 그게 다 싼 가격에 마을인 력들 부려 먹겠다고 기득권들이 만든 수작질이야. 사회적 자본 어쩌고 저쩌고 하면서 너 같은 공명심 강한 호구들 육즙 빨아먹으면서 어? 몇 년 쥐꼬리만큼 지원하다가 이제 진짜 뭐 좀 해 볼만하면 형평성 어쩌고 저쩌고 하면서 나 몰라라 방치해서 지쳐 떨어지게 만들고 성과는 지들이 홀 랑 챙겨먹고 또 다른 호구들을 찾아서 재능을 약탈하고.. 그게 무한 반복되는 거지. 공익? 공익 좋아하시네! 공익이 공공의 이익이야? 공무원의 이익이지. 공익이란 이름으로 노동력 착취하고 재능 약탈하기 위해 윗대가리 양아치들이 만든 포장지라고!

공 다 그런건 아니야. 좋은 사람들도 있어. (사이) 이렇게 말하 면 비웃겠지만, 사실 마을학교 하면서 난, 내 재능의 이유 를 찾은 것 같아서 좋았다. 내 재능을 필요한 곳에 사용할 수 있게 해 주셔서 감사하다고 하느님한테 감사 기도도 했 었어. 웃기지?

영 (비웃듯) 등신. 고생은 지가 해놓고 감사는 엄한 데 하고 야! 니 자신을 대견하게 여겼어야지. 다 니 피땀인데.

공 근데 그 재능이 날 오히려 호구로 만들더라. 가치가 중요하 다고 했더니 대가도 필요 없는 줄 알더라고. 니 말대로 재 능기부라는 약탈을 나 혼자 당할 땐 그래도 견뎌졌는데.

나보고 그 약탈을 하라고 완장을 채우니까, 그건 정말 못 견디겠더라. 자괴감이 들었어. 내가 벌레같고 쓰레기가 된 기분이었어. 친일파가 된 기분?

영 그런 걸 전문용어로 앞잽이라고 하는 것이다.

공 처음엔 안 그랬는데, 정말 가치 있는 도전이었는데, 그 영혼 없는 공아치들이 다 망쳐놨어!

영 누구를 위한 가치? 개똥같은 소리하고 자빠졌다 정말. 야! 그 가치에 너랑 네 가족은 있어? 마을 교육공동체 한다고 가정이 엉망이 되고 가족들이 불행해지고, 그거 해서 버는 돈보다 나가는 돈이 더 많아서 재수 하는 지 새끼 학원도 못 보내놓고 뭐? 남들 행복한 마을? 그거 백날 만들어서 뭐 하게? 그 마을에 사는 니가 자기를 개똥 버러지만도 못하다고 느끼며 살게 됐는데...

공 (한참 침묵하며 발 끝만 바라보다가) 그러게. 그 마을공동체 속에 나랑 내 가족만 없었네.

영 잘못했지?

공 (말 없이 고개를 끄덕인다.)

영 꼭 찍어 먹어봐야 똥인지, 된장인지 알지. 대충 했어야지. 딱 행복할 만큼만. 너무 잘하니까 그만도 못 두고.

공 잘해야 행복하지. 대충 하는데 어떻게 행복하냐?

영 하긴 1등이라곤 해본 적도 없는 애가 막 관심받고 그러니까 좋았을 거야. 그치? 방송국에서도 찾아오고, 여기저기서 강의해달라고 하고, 거기에 취한 거지. 너의 그 관종의 욕망을 채워주니 힘들어도 힘든지 모르고, 망가져도 망가지는 줄 모르고, 막 칭찬받고 싶어서 안달 난 똥개처럼.

공 (영을 노려보다가 한숨 쉬며 나즈막이) 말 함부로 할래?

영 넌 가치보다 관종의 허영심을 채워주는 그 상황이 좋았던 거고 그걸 보상이라고 착각한 거야. 근데 너보고 선생들한테 보상 없는 노동을 시키라고 완장 채우니 현타가 온 거지. 그제야 재주넘는 곰 짓거리하던 니 꼬라지도 보였을 테고. 그러니 애들한테 쪽팔리고, 미안하고. 똑바로 봐. (사이) 가치? 그거 다 주둥이나 나불거리며 세상 주물럭 거리는 것들이 만들어 놓은 딱 너 같은 관종 호구들의 무덤이라고! 알겠냐? 아니 그렇게 가치가 중요하면 중요한 만큼 대우를 해주던가! 아님 지들도 똑같이 N빵을 하던가! 안 그래? 씨발놈들. 가치 좋아하시네! 가치라는 말은 이미 약탈과 착취의 도구가 됐다고! 등신아. 재능기부? 그렇게 좋은거면 지들도 앉아서 세금 까먹지 말고 재능기부로 출근하라고 해!

3. 후천적 멀티플레이어

공은 영의 말이 끝나기 전에 허리를 구부려 얼굴을 무릎에 파묻는다. 공과 영 사이에 잠시 침묵이 흐른다. 잠시 후 공이 허리를 벌떡 세우고 영을 똑바로 바라보며 말한다.

공 그래 다 좋아. 내 허세를 채워주는 헛꿈이었건, 책임감이었건, 그냥 내 욕망이었건, 어쨌든 그 덕분에 내가 음악을 포기하지 않았잖아. 그럼 된 거 아니야? 난 음악을 계속하고 싶었고, 그렇게라도 기회가 왔으면 고마운 거 아니냐고!

영 그럼 계속해. 뭐가 문제야. 계속 호구 짓을 해서라도 하고
   싶으면 해야지.

공 누가 호구한데? 지금 다른 기회를 찾아보려고 나도 노력하
   고 있어.

영 (빈정 거리며) 아~ 그래서 글도 쓰시고, 그림도 그리시고,
   그러는 거야? 눈도 잘 안 보이는데, 밤이 새도록? 왜~ 난도
   한번 쳐보시지. (사이) 야! 잘하는 거나 해. 또 실속 없이
   이것, 저것 기웃거리지 말고.

공은 영의 도발적인 태도에 점점 화가 난다.

공 나도 그러고 싶어. 근데 안 된다잖아. 나이는 많고, 경력은
   짧고, 돈은 없고, 방법이 없어. 내가 다 해내는 거 말고는.
   나도 잘하는 것만 하면서 살고 싶지. 그럴 수 있다면 나도
   그러고 싶어! 뭐 내가 지금 나 사는 꼴이 좋아서 이러겠니?
   나도 할 수만 있다면 잘하는 음악만 하면서.

영 (말 중간에 끼어들며) 음악은 잘한다고 생각하나 봐?

공은 말을 멈춘다. 표정은 아주 많이 지쳐 보인다. 멍하니
초점 없이 어딘가를 바라보며 침묵하다가 힘없는 목소리로

공이 말을 꺼낸다.

공 잘 모르겠다. 음악을 잘하긴 하는 건지. 그냥 익숙한 걸 수도 있고. 그림이나 글보다는 표현하기가 편하니까.

영 욕심이 너무 많아.

공 욕심 있지. 근데 그것보다 환경이 나를 그렇게 만들어. 뮤지컬을 무대에 올리고 싶은데, 음악으로만 작품에 참여하고 싶어도 기회가 없으니까 글도 써보고 그러는 거지. 물론 전문 작가를 고용할 수 있으면 좋지. 근데 돈이 없잖아. 그전에 기회조차 없는 게 더 문제지만.

영 아, 결국 돈이 문제네. 돈이 없으니 배울 수도 없고, 그냥 막 하는 거지. 근데 전문 글쟁이는 아니니까 계속 불안하고. "가난은 부끄러운 게 아니라 불편한 것이다" 이런 개소린 도대체 어떤 개새끼가 한 거야? (공을 바라보며 차분하게) 씨발! 야, 잘 들어! 가난은 부끄러워! 가난은 불편해! 근데 그건 아무것도 아니야! 더 큰 문제는 가난은 사람을 불안하게 만들어! 불안해서 똥인지 된장인지 알아보기도 전에 손을 뻗게 만드는거라고. 불안하고 초조하니까. 가치와 보람이 마음을 부자로 만들어 준다고? 씨발놈들!

공과 영은 서로를 마주 본다. 공의 눈에 눈물이 고인다.

공　불안해. 초조하고. 자꾸 나이는 들어가는데, 이렇게 애만 쓰다가 끝날까 봐. 그냥 아무것도 아닌 인생으로 끝날까 봐. (사이) 그래서, 니 말대로 되든 안 되든 닥치는 대로 손을 뻗게 돼. 혹시나 하는 마음으로..

영　긴 세월 이리저리 도망 다녀 가며 노력해서 얻은 보상이 가난? 근데 그 가난 덕분에 후천적 멀티플레이어로 거듭나시고? 히야, 슬프다. 진짜. 이거야말로 신파 코미디네. 남들은 니가 존나 도전하기를 좋아하는 줄 알 거라고! 사실 도망의 기술인데 말이지.

공　열심히 하면 또 다른 기회가 생길 줄 알았지.

영　야! 쥐꼬리만큼만 줘도 공룡을 만들어 오는 놈한테 뭐하러 공룡만큼 돈을 주냐? 쥐꼬리만큼만 줘도 하는데! 이번에 재능기부 하면 다음엔 기회를 주겠지.. 하는 얄은 기대로 자꾸 공짜 무대 만들면 평생 공짜 인생 되는 거야.

공　그걸 그때 내가 알았다 해도 불안 때문에 결국 또 비굴 해졌겠지?

영　야! 됐다. 그냥 현실적인 비주류 B급으로 가 아예! 비주류도 B, 변두리도 B. 라임 좋네! 니 카톡 프로필에 아주 당당하게 써놨더만 변두리 예술가라고.

공　변두리...

4. 변두리 예술가 입니다.

영   변두리 예술가. 정말 쪼다 같이 그게 뭐냐? 그걸 또 자랑이

라고 카톡 프로필에까지.

공   그게 현실이니까.

영 니가 새겨놓은 낙인은 아니고?

공 (고개를 떨구며) 그냥 고백이라고 해두자.

영 아니, 그런 고백을 뭘 그렇게 대놓고 해? 그게 너한테나 고백이지, 남들한테는 어떻게 들리는 줄 알아?

공 ...

영 설마 저걸보고 겸손하다거나 겸양을 갖춘 인재라고 할 줄 알았냐? 야! 천만의 말씀이야. 저건 말이다. (목소리를 바꿔서) "전 졸라 자신감 없는 쌈마이 찌질이 예술가랍니다." (원래의 목소리로) 딱 요렇게 읽힌다고 븅신아.

공 ...

영 아니 남한테 무시당하는 건 그렇게 노발대발 지랄이면서, 지가 지한테 낙인을 찍는 건 도대체 무슨 심리인 거야? 왜 그래? 어?

공 ...

영 뭐 '이불 밖은 위험해' 뭐 이런 거야?

공 그냥 주제 파악이라고 해두자.

영 주제 파악은 속으로 해 제발. 좋아, 그래. 그렇게 주제 파악이 됐으면 그 정도에서 만족하고 살면 되잖아. 지가 찍은 낙인대로 잘 살고 있구만, 왜 들들 볶아. 왜 스스로 괴롭히지 못해서 안달이야?

공 (아무말 못하고 의자에 발만 탁탁 친다)

영 허세인 거지. 졸라 대인배인 척, 겸손한 척, 그러면서 마음 속 오장육부에다가는 질투 시기 불만 이런것들을 숨겨놓고 나만 졸라 비만으로 키워놓고. 뭐 어차피 잘 나가지는 못할 것 같으니 염세적이라도 되자, 이거야?

공 (고개를 들어 영을 보며) 염세적?

영 왜 졸라 간지 나잖아. 염세적인 거. 난 너희랑은 다르다, 뭐 이러면서.. 염세적인 인간들이 대체적으로 사람 좋아보이지. 왜냐! 자기는 지가 욕하는 종자들하고는 좀 다르고 싶거든.

공 그건 가식 아니고 진심이야.

영 암튼 남들 말은 개똥으로도 안 듣는 년. 지만 잘났지. (사이) 아니, 잘한다잖아. 니 음악 좋다잖아. 딴따라 감이 있다 고 말해주는 사람도 있고, 공연이나 행사 기획 프로듀싱은 아주 잘한다고 평가받잖아. 너도 그렇다고 생각하고!

공 (말 가로채며) 그거야 친하니까, 그리고 들어줄 만하다는 거랑, 잘하는 거랑은 달라.

영 아, 네네. 평생 그렇게 쭉 사세요. 이 사람 저 사람 괴롭히 지 말고, 뭐 살날 얼마나 남았다고 컨셉을 바꿔가며 노력을 하신답니까? 그냥 변두리 예술가로 적당히 동정이나 받아 가며 사세요. 팔자인 것 같으니.

공 참 못되게도 말한다. 그렇게 말하면 좋냐?

영 넌? 넌 어떤데? 넌 너한테 그렇게 말하면 좋냐? 왜 남들도 안 하는 말을 니가 너한테, 막! 어! 왜 그런 식으로 자학을 하냐고. 이기 혹시 비련의 여주인공 하고 싶은 거 아냐? 야, 정신 차려! 넌 비련의 여주인공 하기에 너무 늙었고 웃겨 씨! 아니 덩치도 소 새끼만 한 게 스스로 지가 개미보다 작다고 박박 우기면 소가 개미로 보이냐? 재수 없게.

공 (웃는다)

영 웃기지? 너도 지금 속으로 웃길 것 아니야. 그럼 지켜보는 사람들은 얼마나 웃기겠냐? 등치 값도 못하고.

공 내가 그렇게 보이는구나.

영 그렇게 보이지. 야 지나가던 개도 웃어. 등치는 소만한 것이 등치 값도 못하고 어디 싸구려 동정으로 어필을 하고 지랄이야. 가증스럽게. 그러면서 남들 가식 떠는 꼴은 또 못 보지. 이거야말로 부조리 아니야?

공 (자세를 바꿔 앉으며) 사실 잘 모르겠다. 그런 마음이 영 없었던 것 같지도 않고. 진짜, 내 마음인데 왜 이렇게 알 수가 없냐?

영 자신감 부족! 하긴 뭐, 평가를 받아봤어야 알지. 게다가 늘 칭찬 속에서 살았으니 티끌만 한 흠이라도 들킬까 봐, 쫄다 같이 겁만 잔뜩 집어먹고.

공 완벽주의가 문제인가?

영 치! 완벽주의 좋아하시네! 완벽주의란 게 다 지 만족인 건

데, 넌 그게 아니라 게 아니라 욕먹는 게 두려워서 안절부
절못하는 거잖아. 완벽주의가 아니라 그냥 겁쟁이 쪽이지.
원래 욕먹으면서 크는 거라며? 애들한테는 그렇게 잘 가르
치더만. 이거 완전 사짜였네.

공   쓰레기네.

영   비약하지 마. 넌 약하지, 더럽진 않아. 홍삼을 먹어라.

공   야! (웃으며) 마음의 문제가 홍삼으로 해결되냐?

영   일단 좀 널 믿으라고.

공   뭐 가진 게 있어야 믿지.

영   또 이런다. 가진 게 있다잖아. 사실 너도 알잖아. 잔재주라
도 남들한테 없는 거, 제법 그럴듯하게 잘하는 거 있잖아.
너도 알잖아. 남들 때려죽여도 못하는 데 넌 쉽게 하는 거,
알면서 왜 그래? 베토벤만 작곡가냐? 서태지만 가수야? 필
요한 사람들한테 노래 만들어 주는 재주도 있고, 오늘 보니
까 사짜 재능도 있는 것 같더만 어! 뭐가 문제야?

공   아! 몰라.

영   그래 모르겠지. 그러니 맨날 삼십육계 줄행랑이지. 남들한
테는 뭐 마치 새로운 도전인 양 포장하고 말이야.

공   내가 포장한 거 아니야!! 다른 사람들이 그냥 그렇게 말한
거지.

영   너도 아니라곤 말 안 했잖아. 암묵적 동의. 아니야?

공 …

영 하기 너도 도전이라고 착각했을 수도 있겠네. 그러니 뭐 대
   단한 일 하는 것처럼.. (사이) 아무튼 도망은 니가 짱이다.
   에이씨 그냥 그걸로 1등 먹었다 쳐.

공 …

영 (사이) 눈 가는 곳 다르고 발 가는 곳 다르고, 마음 가는
   곳 다르고 몸 가는 곳 다르고. 참, 평생 가보지 못한 곳에
   마음을 뺏겨서 지가 있는 자리마다 감옥이니 (사이) 너도
   참..

5. 딴따라가 직업인 엄마
그리고 아내

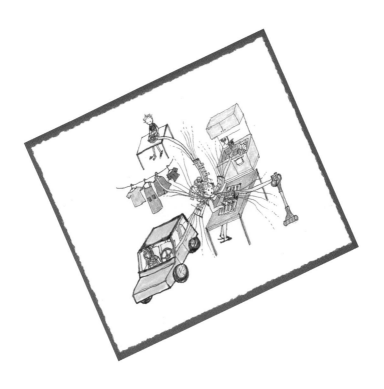

공 그러게.

영 왜, 그래서 가족들한테도 도망가게?

공 (노려보며) 미쳤냐?

영 에이, 왜 이래. 도망가고 싶잖아.

공 미안한 거지.

영 그건 핑계고 도망갈 구실 만드는 거 아냐?

공 내가 그 정도로 미친년은 아니야.

영 넌 그 정도로 미친년이야.

공 (사이) 내가 도망가고 싶은 게 아니고 가족들이 나한테서 도망가고 싶겠지.

양 이봐, 이봐. 넌 니가 생각하는 것보다 훨씬 미친년이라니까! 똥오줌도 못 가리는 멍청한.. 니 남편이 살아있는 보살이다.

공 (웃으며) 그러게. 이번 생은 안 버리고 같이 살아 준다더라. 진짜 보살인가 봐. 나야 고맙지.

영 고마운 정도로 되냐? 넌 상상 그 이상인데, 그걸 감당하네! 그놈이 진짜 돌부처다. 암튼 넌 이번 생에 니 남편을 만난 것만으로도 완전 노난 거고, 니 남편은 완전 똥 밟은 거고. 니 남편이라는 직업은 세상에 없는 극한직업이야!

공 (헛웃음을 짓고는 이내 고개를 떨군다.)

영 곡 작업한다고 맨날 집구석에 사람들 불러들여서 녹음하고 걔들 밥 사준다고, 식구들은 굶는지 뭘 먹는지 관심도 없고 어! 이건 뭐 주말도 없고, 뭐 또 하나 꽂히면 정신 나가서 밥도 안 먹고 잠도 안 자고, 하! 니 남편이 진짜 자식 셋을 키웠다. 안 그래? 그러면서 뻑 하면 우울하다고 드러눕고 미안하다며 도망갈 궁리만 하고 말이야! (옆 눈으로 공을 비웃으며) 그래도 도망 안 가는 걸 보면, 결국 너도 아빠 카드에서 남편 카드로 옮겨 탄 거네! 남편이 밖에서 벌어온 돈으로 지 하고 싶은 거 다 하면서 말이야.

공 (눈을 치켜뜨며) 말 함부로 할래? 내가 뭘 다하고 살았는데? 돈도 없고 시간도 없고 눈치도 보이는데. 밖에선 집 걱정, 집에선 일 걱정하면서 이도 저도 아닌.

영 (말자르며 비아냥거리듯) 어머 그러세영~

공 나도 일 한 거야. 내가 놀았어? 내 일이 내가 좋아하는 일일 뿐이야. (사이) 글쓰고 작곡하고 그런.. 아니다. 그냥 내가 하는 일들은 다 쉬워 보이나 보네.

영 쉬워 보인다기 보다는, 야! 딱 까놓고 이야기해서 니가 하는 일들이 그렇게 가계에 보탬이 되거나 하지는 않잖아? 쥐똥만큼 벌면 쥐똥만큼만 일해야지, 니가 노동한 시간으로만 따지면 대한민국 10대 재벌 안에 들어야 해. 쥐똥만큼 벌면서 무슨 나라 구하는 독립투사처럼 일하고 지랄이야. 그러면서 애들은 방치하고 남편한테 희생을 강요하고!

공 누가 뭘 강요했다는 거야!

영 그걸 어떻게 구구절절 말로 다 하겠어? 게다가 지가 번 돈은 지 좋아하는 뮤지컬 보러 다니면서 다 쓰고.

공 뮤지컬을 보는 건 나한테 일이고 공부야. 그리고 내가 번 돈도 생활비로 보탰어.

영 그래. 쥐똥만큼 버니 쥐똥만큼 보탰겠지. 하도 쥐똥만큼이라 티가 안 나서 몰랐다. 미안하다. 됐냐? 근데 딱 까놓고 말해서 뮤지컬 보는 게 정말 일이고 공부기만 했어?

공 난 한 번도 배운 적 없는 어려운 일을 새로 시작한 거고, 그러니 더 열심히 해야 했고, 대학원 가고 싶은데 차마 말은 못 꺼내겠고, 그래서 열심히 보기라도 해야 했어. 방법이 그것뿐이 없으니까! 그게 나빠?

영 그게 나쁘진 않지. 근데 넌 중간이 없잖아. 중간이 없다는 건 니가 아직 어른이 안 됐다는 거고. 그건 나쁜 거지. 어른이 안 됐는데 왜 책임질 짓을 해. 어른이 된다는 건 책임을 지는 건데, 넌 니 남편한테 홀랑 다 책임전가하고.

공 (화가 나서 의자에서 벌떡 일어서며) 내가 이래서 더 힘든 거야. 노는 게 아닌데, 죽도록 일하는 건데, 다들 내가 노는 줄 알아. 일이 그래. 새로운 걸 만들고, 없었던 걸 창조해내는 일이 쉬워 보여? 그리고 애들을 책임지고 한 번도 해 본 적 없는 서류를 만들고, 공무원한테 시달리면서 학교를 지키고 책임지는 게 쉬워 보이냐고? 그리고 경제적으로 무능한 거? 그게 왜 다 나 때문이야? 사회가 그렇게 예술가나 마을 활동가들을 경제적으로 무능하게 만드는 건데. 난 왜 맨날 일은 일대로 하고, 노는 사람 취급을 받아야 하냐고!

아르바이트라도 해서 보태고 싶지만 마을학교 하는 동안은 주말에도 평일에도 3시간 이상을 자본 적이 없었어. 나보고 뭘 더 어떻게 하라고? 어떻게 너까지 그딴 식으로 말해!

영 오~ 잘하네! 그렇게 말해! 너한테 놀고 다닌다고 말하는 사람들한테, 그렇게 말하라고. 돈은 안 벌고 지 좋아하는 일만 하고 싸돌아다닌다고 하는 사람들한테 그렇게 말해버려!! 왜 맨날 꿀 먹은 벙어리처럼 입 꾹 다물고 있다가 어? 차에서 혼자 궁상맞게 처 울고, 남편이랑 애들한테 짜증 내고 지랄하면서 풀어? 니 가족이 니 욕받이냐?

공 뭐?

영 아니, 맨날 다른 데서 억울한 꼴 당하고 집에 와서 세상 더할 나위 없이 착한 니 식구들한테 딴따라 지랄을 부리냐고! 그리고 왜 학교만 책임을 지냐? 널 진짜 필요로 하고 니가 진짜 책임져야 하는 건 니 가족들 아니야? 꼭 무능한 것들이 밖에서만 좋은 사람 하느라고 집구석에서는.

공 집구석에서는 뭐?

영 몰라 물어? 경제적으로가 아니더라도 힘들고 외로울 때 적어도 의지는 돼야 할 거 아니야! 의지는 못 돼줄 망정 불안하게는 만들지 말아야 할 거 아니냐고!

공 (동공이 흔들린다)

영 왜 애들이랑 남편 앞에서 죽어야 끝난다는 둥, 자기만 없

영 다 울었냐? 그럼 앉던가.

공 (고개를 끄덕이며 앉는다) 생각해 보니까 난 이뻐만 했지, 책임을 지고 있지는 않았어. 내 맘을 몰라주는 게 서운하기만 했지, 가족들에게 의지가 돼 주진 못했어. 엄마나 아내로 뭘 어떻게 해야 하는지도 몰랐고.. 애가 21살이 되도록.

영 (발을 쳐다보며 혼잣말처럼) 알고도 그랬으면 진짜 쓰레기지. (공을 바라보며) 니가 좀 못나긴 했어도 못 되진 않았으니까... 몰랐겠지. 몰랐으니까 그랬겠지.

공 밥해주고 빨래해 주는 식모를 원한다고 생각했었어. 그래서 더 화가 났고. 그걸 못 해주니 자꾸 내 일을 무시하고 나를 우습게 안다고 생각했어. 나를 무시해서 나가서 돈 쓰고 돌아다니지 말고 집구석에서 집안일이나 하면서 돈이나 아끼라는 것처럼 들렸어.

영 그래 진짜 그런 마음이 있었을지도 모르지. 근데 원인 제공은 니가 했잖아.

공 밖에서도 맨날 무시당하고 내가 노력하는 건 다 지가 좋아서 하는 거라면서 인정도 안 해주는데, 가족들도 똑같이 그러니까.. 사실 집이 답답했어. 같이 있어도 외롭고 다들 나를 짐으로 생각하는 것 같고. (한숨을 쉬며) 세상에 아무도 내 편이 없다는 생각이 들 때, 가족들까지 날 짐으로 여긴다고 생각하니까 진짜 비참하더라. 그래, 차라리 내가 없으면 그런 거 잘해줄 다른 사람 만나 행복하게 살 수 있지 않을까? 나만 빠져주면 우리 가족이 행복해지지 않을까? 맨날 이런 생각이 꼬리를 물더라. 날 싫어하고 지긋지긋해하는 사람들 속에서 나 혼자 맨날 눈치 보며 버티는 그런 기분, 알아?

영 그건 니 생각 아니야?

공 맞아. 다 내 생각이야. 근데, 그냥 그렇게 느껴졌어. 자격지심일지도 모르지. 근데 그땐 그랬어. 내가 너무 지긋지긋한데 가정을 깰 수는 없으니까 이를 악물고 잘해주는 척 연기한다고 생각했어. 가짜 평화여도 평화가 좋다는 말이 나한테는 그렇게 들리더라. 그래서 늘 불안하고 안절부절못하고, 그러다 나도 그냥 지친 거야. 그래서 폐 안 끼치고 그냥 내 몸만 나가려고 했는데, (사이) 내가 나가서 혼자 먹고살 수 있는 능력이 없더라. 진짜 비참하지? 그러니 방법이 죽어 없어지는 것밖에 없더라고. 죽으면 적어도 입 하나는 덜 수 있으니까.. 더 이상 폐 끼치고 싶지 않고.

영 (킥킥거리며) 구한말이냐? 보릿고개야? 진짜 졸라 구려. 아주 혼자 19세기 신파를 찍었구만.

공 이렇게 생각을 키우는 동안 말할 곳이 없더라. 아무 데도.

영 니 남편은 니가 그 시궁창을 만드는 동안에 그 큰일을 혼자 감당하고 있었어. 이 나쁜년아. 전세사기당해서 밖에서 죽도록 얻어맞고 살이 찢겨 온 그 소새끼 같은 놈 마음에 빨간약을 발라줘도 모자랄 판에 넌 물파스를 발랐다고! 그러니 그 돌부처 같은 놈도 탈이 나지.

공 진짜 몰랐어.

영 맨날 죽고 싶다는 마누라한테 그 이야기를 어떻게 하냐?

공 (한참 침묵하다가) 가족을 지키기 위한 책임이 뭔지.. 그걸 생각해본 적이 없어. (사이) 내가..

영 그걸 애들이랑 남편이 못 느꼈겠냐? 그러니 큰 놈은 맨날 열 받고, 작은 건 맨날 불안하고. 마음은 느껴지는 거라며? 근데 니 꼬라지를 보면서 뭘 어떻게 상의를 하냐고? 불안해서. 그러니 혼자 속이 새까매질 때까지 (공의 얼굴을 한번 쳐다보고) 암튼 이제라도 정신 차려 다행이다. 어찌 보면 전세 사기꾼 그 개놈 새끼가 가정을 구했네. 그래, 그냥 그 돈으로 가정을 찾았다고 생각해라. (웃으며 혼잣말처럼) 역시 갈등엔 뭐니 뭐니 해도 공동의 적이 최고의 화해 도구라니까.

공 (말없이 바닥만 쳐다본다.)

영 근데, 이제 다 괜찮아진 거지? 돈이야 뭐 다시 벌면 되니까, 뭐.

6. 예술은 참아지지 않는 똥이다!

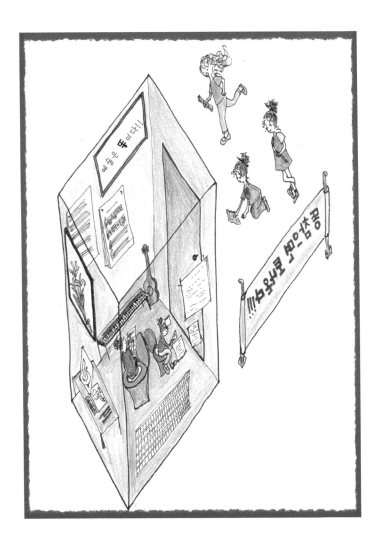

공　(체념한 듯) 일 그만둘까? 나 이제 진짜 돈 벌어야 하는데..

영　또, 또 이런다. 중간이 없어 왜.

공　이 일이란 게 그렇잖아. 일하는 양에 비해 늘 돌아오는 것 없는 가성비가 너무 떨어지는.. 나 이제 돈 벌어야 하는데.

영　너, 똥 얼마까지 참아봤냐?

공　변비야.

영　에이씨. 그런 거 말고.

공　글쎄..

영　이 예술이라는 게 말이다, 진짜 똥 같은 거야. 안 참아져. 못 참아. 처먹은 게 있으면 싸야 하는 게 순리인 것처럼 느껴지는 게 있으면 표현해야 하는 게 딴따라의 숙명인 거지, 뭔가를 보고 듣고 그러면, 자꾸 뭐가 느껴져. 밥 먹고나면 똥 차오르듯 계속 뭔가가 차오르는 거지. 그럼 어떻게 해? 싸야지. 그걸 어떻게 참아. 변비니 알 거 아니야. 어? 그 싸고 싶지만 싸지 못하는 고통을.

공　야!

영　(사이) 가족들을 위해 희생하라는 게 아니야. 마음, 마음이 돌아오라고. 책임이건 사랑이건 진심이 있어야 할 수 있는 거라는 거 잘 알잖아.

공　내 불안으로 그냥 나 혼자 마음이 떠났었나 봐. 나 진짜 도망가고 싶었나 봐. (사이) 그래 놓고 날 무시해서, 내 일을 우습게 생각해서 그런다고...

영 　ㄱ래서 넌 멍청한 년, 난 너보단 좀 나은 년.

공이 웃는다.

영 　딴따라가 딴따라 짓을 멈춘다는 건 처먹으면서 똥은 참겠
　　다는 거랑 똑같아. 그럼 어떻게 돼? 입으로 똥을 싸겠지.

공 　더럽게.

영 　니가 여태 그렇게 더럽게 살아왔어. 책임을 지라고! 이제 진
　　심으로. 야! 원래 가장은 퇴로가 없어. 그러니까 어떻게든
　　책임을 이고 지고 살잖아. 근데 그걸 혼자 하게 됐으니..

공 　난 잘하는 게 하나도 없네! 맨날 도망에, 책임 전가에

영 　녹음기야? 아우, 지겨워! (사이) 뭐 니가 특별히 잘하는 건
　　없어도 이것 저것 짜잘하게 잘하잖아. 그럼 됐지. 그것도 없
　　어서 환장하는 사람들이 많은데. 참! 너 그거 잘한다.

공 　뭐?

영 　넌 짐승 같은 데가 있어서 마음이 가면 몸이 막 움직여. 저
　　기 먹음직한 얼룩말이 있어. 그럼 넌 두 번도 생각 안 해.
　　그냥 무조건 고! 마음이 움직이면 머리보다 몸이 빠르게 반
　　응하는 거지. 아! 넌 사람으로 말고 세렝게티의 사자로 태
　　어났어야 하는건데.

공 그게 무슨 재능이야.

영 누가 재능이래? 잘한다고. 누구보다 정성껏, 빠르고 민첩하게, 그러니 늘 사서 고생인 거고.

공 치. 똥도 못 참는 딴따라를 만들어 놓고 그걸 잘할 능력까진 안 주시면 어쩌냐고. 맨날 변비야..

영 아니지. 뚜껑 열리면 그때부턴 설사지. 그러니 탈이나는거고. 1일 1똥이 그래서 중요한거라니까.

공 딱 한 번만이라도 원하는 만큼, 원하는 퀄리티로 작품을 해보고 싶어. 그럼 좀 이 결핍과 울화가 좀..

영 그러게, 인간아 사랑은 왜 하고 결혼은 왜 하고 자식새끼는 왜 낳아? 똥도 못 참는 딴따라 년이 무책임하게. (사이) 근데 진심으로 넌 가족이 필요하냐? 지금 집안 상황이 괜찮고 경제적 능력만 있으면 여전히 도망치고 싶은 건 아니야?

공 그걸 말이라고 하냐?

영 근데 왜 가족들 앞에서 연기를 해? 아직도 그렇게 불안해?

공 내가 무슨 연기를...

영 너 니 신랑 앞에서 자꾸 실수하고 넘어지고 그러는 거 그거 연기 아니야?

공 미쳤냐 진짜? 내가 돌아이야?

영 잘 생각해보라니까. 덜렁거리고 넘어지고 다치고 그러면 다른 사람들은 한숨 쉬고 어? "덜렁거리지 마라, 정신 차려라"

잔소리하고 면박 주고 그러는데, 니 그 보살 남편은 어떻데?

공 음..

영 웃지? 자꾸 웃지?

공 뭐, 웃긴가 보지. 놀리는 거야.

영 아휴 이 등신아! 야 생각을 해봐. 다른 사람들은 너한테 지랄을 하니까 조심한다고. 근데 남편은 그게 귀엽다네? 막 귀여워하고 막 웃고 그러네? 그러니까 좋은 거지. 내 뭐라든. 넌 칭찬에 길들여진 애라니까? 직관적으로 니가 그게 조롱으로 느껴지지 않고 관심과 칭찬으로 느껴진 거야. 그러니까 서방 앞에선 더 실수를 하는 거라고. 자꾸 웃어주니까. 무의식이 니 몸뚱이를 그렇게 조종하는 거라고.

공 말도 안 돼! 그게 계획한다고 되는 거냐? 그리고 나 원래 그랬어. 어릴 때부터 쭉 계속!

영 알지. 내가 몰라? 근데 남들 앞에선 주눅 들고 막 그러는데, 니 남편 앞에선 편하잖아. 아무렇지도 않고, 뻔뻔스럽게 부끄러워하지도 않고. 그치? 잘 생각해봐.

공 (영을 빤히 쳐다보며 멍해진다)

영 니가 그렇다니까? 가족들에게까지 사랑받지 못할까 봐 안절부절못하면서 말이야. 그저 웃어 주고 이쁘다, 이쁘다 해주니까 좋아가지고 점점 더 하는 거지. 어휴, 왜 그러냐, 진짜 지켜보기 짜증 나고 짠하게. 뭐가 그렇게 맨날 불안해?

공 그런 생각해본 적 한 번도 없어.

영 그럼 지금부터 생각해봐.

공 (공은 한참을 생각하다가) 내가 정말 그랬을까?

영 내가 아니? 니가 알겠지. 너만 알겠지.

공 ...

영 근데, 그러지 마라. 그게 뭐냐, 도대체. 불편하게.

공 솔직히 불안해. 가족들이 나를 지긋지긋해할까 봐. 책임도 지지 않는 어린애 같은 마누라에 다 큰 자식들이 보기에도 지만 아는 철없는 애미로 보일테니.

영 뭐 완전 틀린 말은 아니다만, 그래도 일단 믿어. 딱히 의지할 데도 없는 너이 그렇게 스스로 볶아대면서 연기를 하니 힘들지 안 힘드냐고. 보는 사람은 모르겠냐? 다 안다고, 니가 불안해하고 안절부절못하는 거.

공 그래서 더 미안한 거지. 뭐랄까. 난 어디에도 온전하게 속하지 못하고 겉도는... 유목민 같아.

영 졸라 감성적이네. 칫! 야! 아무리 니가 철이 없어도 니 가족들은 니가 필요해. 너도 니네 엄마가 너 쥐 잡듯 참견하고 만사 걱정하고 그래도 엄마니까 좋잖아. 엄마니까 그립고. 그래? 안 그래? 애들도 니 남편도 니가 필요하다고. 그걸 믿으라고. 서로 필요하고 마음 쓰이고 그럼 그게 사랑이지.

사랑이 뭐 별거야? 어떻게 20년을 넘게 살면서 가슴이 벌렁 벌렁하길 바래. 사이코냐? 빌렁거리지 않아도 없으면 눈물 나게 그립고 슬퍼지는 존재라고, 가족이라는 게. 그걸 믿으 라고. 괜히 되지도 않는 연기 하면서 가식적으로 알랑방구 뀌지 말고. 그러니까 자꾸 과부하가 걸리잖아.

공 미안하고 민망해서 그래. 애들 보기도, 애들 아빠 보기도.. 자꾸 가족들의 짐이 되어가니까.

영 자꾸 그런 생각 하다, 진짜 도망가고 싶어 지면 어쩌려고 그러냐. 니 도피처는 이제 거기뿐이 없는데. 받아줄 곳도 거 기뿐이 없고. 니 도망자 인생의 마지노선이야. 그러니까 거 기선 그냥 좀 너로 살아.

공 한심하다. 내가

영 나도 니가 한심하다. 넌 니가 누군 줄은 아냐?

공 ....

영 변비인 년이 똥을 어떻게 참냐고. 그냥 싸야지. 넌 그냥 딴 따라가 직업인 엄마고 아내일 뿐이야. 급하면 가서 싸야지. 밥하다가도 어! 급하면 가서 싸고, 어디 놀러 가서도 마려 우면 싸고 그러는 거지. 자꾸 참다가 이제 변실금 온다고... 바지에 똥 묻히고 냄새 풀풀 풍기고 다니면서 아닌 척한다 고 모르냐? 다 알지. 어차피 숨겨지지도 않고 숨기지도 못 하는 거 그냥 해! 그러니까 뭔가가 막 만들고 싶어 지면 잠깐 "타임아웃" 외치고 해! 어쩌겠어. 그렇게 타고난 걸. 그리고 안 할 때 좀 잘하라고. 안 할 때 쳐 누워서 동영상이나 보고 그러지 말고.

공 (살짝 웃으며) 위로냐? 조롱이냐?

영 뭐! 아무려면 어떠냐 잠깐 웃었으면 됐지. 원래 가족이 그런 거야. 서로의 도피처가 되어주는 거. 밖에서 졸라 두들겨 맞고 와도 거기선 세상 편하게 한쪽 궁둥이 들고 방구 뀌고 코 후비면서 대자로 누워 잘 수 있는 곳.

공 나도 그런 존재가 돼주고 있는지는... 자신이 없네.

영 모르지. 근데 편하게 방구 뀌고 코 후비고 그게 편하면 아마 니 가족들도 여기가 어느 다른 곳으로부터로의 도피처일 거야. 다 같은 처지라고. 넌 가끔 과대망상과 피해망상을 오가는 것 같을 때가 있어. 폭주하는 기관차 같다가도 갑자기 바람빠진 풍선 같아지고 말이야. 넌 애가 어떻게 매사 중간이 없냐. 어떻게 맨날 변비 아니면 설사냐고.

공 그만해! 더러워. 비유를 해도 꼭!

영 뭐! 비유의 화룡점정 이구만! 예술은 똥이다!

공 창작은 똥이다.

공과 영은 실소가 나온다.

영 그래, 바로 그거야. 참아지지 않는 똥! 참을 수 없는 똥! 그
게 딴따라의 창작 욕구고, 살아가는 이유라고. 너의 정체
성! 돌아이 딴따라! 알겠냐?

2막 1장.

못났다! 정말

I. 애매하게 잘 한다는건

희망고문이야...

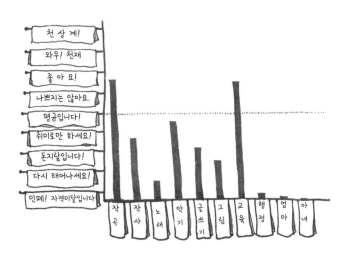

공 생각해보면 난 뭐든 하면 어느 정도는 해. 뭐, 늘 단서가 있
지만. 안 배운 거 치고는 잘한다, 처음 하는 것 치고는 잘
한다. 뭐 그런. 특출 하지는 않지만, 또 못하지는 않는.

영 아니 그럼 좀 배워보지! 안 배워도 잘하면 배우면 더 잘할 거 아니야. 하긴 자신감도 없고 사회성도 떨어지니 뭘 배우기도 어렵겠네.

공 아무튼 두루두루 다 할 줄은 아는데, 특출난 게 없었어. 글짓기도 장려상, 사생대회 나가도 장려상, 시화전에서도 장려상, 합창대회 정도만 1등을 했네.

영 그래도 1등이 있긴 있네.

공 (끄덕이며) 뭐, 우물 안에서만.

영 (고개를 절레절레 흔들며) 진짜 피곤한 스타일이야.

공 할 줄 모르는 것보다는 낫다고 생각했는데, 차라리 아예 못했으면.. (저절로 한숨이 나온다)

영 그치. 몸치니까 몸으로 하는 건 아예 시도도 안 하잖아? 근데 이건 뭐 될 듯 될 듯, 손에 닿을 듯 말 듯, 이러니 포기도 못 하고..

공 희망 고문이야.

영 강박증이 다 이유가 있었구만. 애매하게 잘하니 자기를 믿을 수가 없고, 그러니 수정하고 수정하고 수정하고, 끝이 안 나는 거지. 내가 듣기에는 다 똑같더만 그걸 뭐하러 100번을 듣고 있냐고.

공 불안해서. 혹시나 하는 마음에.. 뺏겨야 마감이지. 누가 뺏어가야 마감이 돼. 다 돼서 보내려다가도 불안하니까 다시

115

열어보고 확인하고.

영 아니 그렇게 해도 맨날 실수가 나오는데 뭘 그렇게 안달 복달이야. 그럼 일이 안 끝나. 못 끝낸다니까. 매일 밤을 패도 안 끝나. 결국 뺏겨야 끝나지.

공 폴더에 수정본 / 최종본 / 최 최종본 / 진짜 최종본 / 이게 마지막 / 이게 진짜 마지막 /진짜진짜 마지막, 또 뭐냐.

영 (웃으며) 아하하하하!! 야 그게 뭐냐? 구질구질하게. 이건 뭐 밀당도 아니고, 뭘 그렇게 질척거려! 아하하하!

공 잘하고 싶으니까.

영 그래 그거, 잘하고 싶으니까. 근데 꼭 잘해야 해? 두루두루 적당히 하는 것도 나쁘지 않아.

공 두루두루 잘하면 더 좋지.

영 에라이. 평생 편하게 살긴 글렀어. 뭐 이해는 해. 이 바닥이 정답이란 게 없으니 이게 잘하는 건지 못하는 건지, 늘 애매하지. 하긴, 나이나 어려야 사람들이 조언을 해주지. 나이 상관 않고 배우겠다는데 뭘 그렇게 다들 공경들을 하시는지, 물어보면 맨날 다 잘한대. 씨발. 아니 근데 왜 맨날 이 모양이냐고. 인간들이 책임감들이 없어. 그런 면에서 니 글 선생은 진짜 찐 선생이다.

공 (웃으며) 알아. 근데 말이다.. 정말 답답한 건, 잘하고 싶은데 늘 하다 만 것 같은 느낌이야. 안 하느니만도 못 한, 분명 완성했는데 완성을 못 한 것 같은 찝찝함.

영 그래서 말인데, 넌 도대체 무슨 배짱으로 영화는 했냐?

공 글쎄, 그냥 뭐 기회가 왔으니까?

영 하긴 맨날 애들하고 하다가 프로들하고 한다니까 좋았겠지
뭐! 맨날 애들이 부를 수 있는 한계 안에서만 깨작깨작 만
들다가 니가 만들어 주는 대로 불러주는 프로들하고 일을
하니 얼마나 좋았겠어?

공 다 허영심이었던 것 같아. 아무것도 모르면서 그냥. 내가 뭐
라도 되는 줄 알고... 그 이야긴 그만하자. 생각하면 자꾸
화가 나고 부끄럽고 초라해져. 잊고 싶어.

영 그래 아는 것 같으니 그만은 하는데, 넌 어떻게 그 나이가
되도록 그렇게 사람 보는 눈이 없냐. 어떻게 딴따라라는 년
이 예술하는 놈인지, 꼴난 기술 가지고 깝죽대는 놈인지 구
별을 못해?

공 알았으니 그만해. 생각하고 싶지 않아. 떠올리고 싶지가 않
다고.

영 그래도 좋은 사람은 남았다 그럼 됐지 뭐.

공 빚이야 다. 미안해, 그 친구들한테.

영 그래. 앞으론 그냥 너 잘하는 거나 해. 음악이나 하라고. 자
신 없는 거에 엄한 사람들 끌어들이지 말고. 민폐야.

공 나 음악은 잘해?

영 야! 그건 들인 돈과 세월이 있는데 더 잘해야지. 그걸 말이라고. 음악으로 벌어먹고 살면서 그런 확신도 없음 때려치워야야지.

공 아직은 확신이 있어서 하는 거니까 걱정마.

영 제발 여기저기 쑤시고 다니면서 다른 거 뭐 또 배운다고 진 빼지 말고, 하던 거나 제대로 해.

공 그러고야 싶지. 근데 말이다. 참 어려운 게 그 애매하게 잘하는 것들을 내가 또 좋아하게 된다는 거야.

영 취미로 해. 애매하다 싶으면 취미로 하는 거야. 그걸 시간과 돈까지 투자해가며 하니 문제지. 내가 보기엔 넌 그냥 인정 욕구 강한 금사빠야. 알겠냐?

공 몰라서 그러나. 어쩔 수 없으니 하는 거지. 아니다. 됐다. 구구절절 설명하는 것도 힘들다.

영은 공을 말없이 바라보고 공은 잠시 침묵하다가.

공 힘들어.

영 그러니까 대충 살아.

공 어떻게 나한테는 쉬운 게 하나도 없냐.

영 설마 너만 힘들까. 인생은 누구나 힘들어. 고생 끝에 낙? 씨발! 그런 게 어딨어. 그거 다 개소리야. 고생 끝에는 그냥 새로운 고생이 오는 거야. 헌 고생 가고 찰나 같은 낙이 지나가면 새 고생이 오지. 지금의 고생은 새로 올 고생을 견디기 위한 맷집 키우기, 뭐 그런 거 아니겠어? 찰나 같은 낙에 취해 매번 그 고생을 견디는 짓을 무한 반복하는 거지.

공 (피식 웃으며) 명언이네.

영 인간들 사는 꼬라지? 다 거기서 거기야. 뭐 힘들면 냅따 도망치거나, 힘들다고 징징대면서도 부러질 때까지 버티거나, 입 다물고 묵묵히 견디거나, 긍정! 긍정! 그러면서 최면을 걸거나, 다 그렇게 견디고 버티며 사는 거지 뭐. 지들이 그래 봐야 호모 사피엔스인데 그 주제에 뭐 얼마나 다르겠어? 다 거기서 거기지.

공 (바닥을 바라보며 웃는 건지 우는 건지 모를 이상한 소리로) 흐흐 흐흐흐

영 '인생은 원래 엿 같다!' 차라리 이러면 희망 고문이라도 안 당하는데. 행복해질 거라고, 좀 나아질 거라고 계속 고문하듯 희망을 주고, 좌절을 시키고. 그러니까 엄한 사람들까지 끌어들여 괴롭혀 가며 버티고, 그러다 꼬꾸라지고.

공 야! 힘 빠져. 그만해. 그렇게 말하면 좋냐? 아니면 뭐가 달라져?

영 미친년! 니가 맨날 하는 소리잖아. 너도 자꾸 들으니 싫지? 니가 널 보면서도 힘들면 남들은 어떻겠냐? (하늘을 쳐다보

며) 애휴, 그러니까 만들 때 좀 잘 만들어 주실 것이지. 애를 이렇게 애매하게 만드셨어요! 아주 천하의 나쁜 년으로 만들던가, 눈물 나게 불쌍한 년으로 만들던가, 뭐 하나 똑 부러지게 잘하는 걸 주시던가, 그것도 아니면 적당히 만족하며 살 수 있는 둥글둥글함을 주시던가... 아니 어떻게 캐릭터를 만들면서 컨셉을 이렇게 두리뭉실 애매하면서 성격만 뾰족하게 만들어가지고! 착한 것 같은데 이기적이고, 못된 것 같은데 또 보면 짠하고, 짜증 나고 열 받게 하면서도 틀린 말은 안 하고, 졸라 부정적인데 또 공감은 되고.. 하는 것은 많은데 별 인정은 못 받고, 썩 잘하는 것 같지는 않은데 또 영 쓸모없는 편은 아니고... 암튼, 이래 이래 이상하기만 하고 아름답지는 않은 도깨비 같은 년을 만들어 놓으니 애가 저렇게 환장을 하잖아요!

공   누구랑 이야기하냐?

영   누구든! 좀 들으라고! 삼신할머니건, 하느님이건 뭐, 암튼 그쪽 업계분들 좀 들으시라고.

공   그러게나 말이다. 좀 들어주셨으면 좋겠네.. (하늘을 쳐다보며) 전 맨날 뭐가 이렇게 다 애매합니까? 네?

2. An easy Family
호구공동체

공 길을 잃은 것 같아. 왜, 뭘 위해 사는 건지 다 모르겠어.

영 모르긴. 너무 잘 알아서 환장하는 거지.

공 해야 하는 것과 하고 싶은 것, 할 수 있는 것이 모든 것이
엉켜버렸어.

영 야! 누가 해야 하는 일을 좋아라 하면서 하냐? 보고 배운
게 있으니 관성처럼 하는 거지. 니 딸이 뭐라데? 왜 밥하고
설거지하는 게 엄마일이냐잖아. 아주 애가 엄마보다 여물

어. (사이) 해야 하는 일이라고만 생각하면 하기 싫어도, 그 이쁜 거한테 맛있는 거 먹인다고 생각하고 해 봐라. 그럼 그게 하고 싶은 일이 되지. 물론 어렵지! 알지! 너무 익숙하고 당연해서 받는 놈도 고마운 줄 모르고, 하는 놈도 영혼 없이 하고. 그래서 원래 가족끼리 더 많이 상처를 주고 받고 그러는 거야. 다 당연하다고 생각하니까. 원래 그랬으니까. 니가 하고 싶은 일들은 좀 잘하면 인정을 해주잖아? 곡이 좋다, 글이 좋다, 그림이 괜찮네, 이러면서.. 근데 가족끼리는 그러지 않으니까, 인정받고 싶어 환장하는 애는 지치지. 그렇다고 맨날 하는 짓을 맨날 칭찬해달라고 할 수도 없는 노릇이고 안 그래?

공 그러네.

영 그건 태초부터 그랬어. 내가 뭐라데? 원래 조강지처, 좋은 예술가, 좋은 정치인, 그리고 엄마는 부재로만 자신의 존재감을 증명하게 된다니까! 니가 못하는 게 아니라 서로가 너무 당연해서 그냥 잘 모르는 거야. 넌 유난스럽게 예민하고 자기중심적이어서 남들보다 덜 노력하면서도 남들만큼 인정은 받고 싶은 욕심 때문에 괴로운 거고.

공 평소엔 진심으로 애들이랑 애들 아빠 다 너무 소중하고 좋은데 창작자인 내가 되면 막 짜증이나. 섭섭하고.

영 (비웃으며) 그러니까! 그 통제불능 딴따라 욕망 덩어리 애물단지가 문제라니까! 니가 하는 지랄의 빈도로만 보면 넌 거의 천재여야 해.

공 다중이네. (웃다가) (사이) 작업실에서 곡 쓰고 있는데 자꾸 불러서 뭘 해 달래. 그럼 그거 해주고 돌아와, 그럼 싹 다 까먹어. 그럼 다시 처음부터 해야 해. 아주 비효율의 끝판왕이지. 근데 이 일들을 잘 모르니까 애들은 애들대로 짜증내고, 남편은 남편대로 섭섭해하고. 그게 계속 무한 반복되니까 다 귀찮고 어디 나가서 혼자 좀 있고 싶고 그렇더라고. 그래서 난 차가 좋아. 온전한 내 공간 같아서. 그러다가도 또 애미라는 게 그런 생각을 했다는 것 때문에 막 미안해지고.

영 뭐가 미안해. 지들도 적응해야지.

공 글을 쓰거나 뭐 새로운 걸 만들 땐 정신이 좀 나가나 봐. 처음엔 그게 미안하고 그랬지. 그러니까 맨날 눈치 보고 허둥대고. 그러다가 그게 계속 쌓이니까, 화가 나더라고. 내가 일을 하면서도 돈을 못 버니까 무시하나? 싶기도 하고.

영 그렇지. 피해의식이 있으니 의식의 흐름이 그리로 흘러갔겠지. 넌 책이나 작품 고를 때 보면 담백한 걸 좋아하는데 이상하게 감정선은 굉장히 신파적이야. 촌스럽고 구식이고. 시대를 잘못 태어났어. 신성일 엄앵란 시절에 태어났으면 아주 꽃 폈을 텐데 말이지.

공 (고개 숙인 채로 웃는다)

영 돈도 안 주는 일을 그렇게 죽자 살자 하니, 옆에서 보면 짠하다가도 화가 나지. 안 그래? 니 남편이 대가도 없는 일을 그렇게 죽자 살자 잠도 안 자가며 한다고 생각해봐. 열 받지! 미우나 고우나 그래도 금쪽같은 마누라인데 조금 칭찬해주면 그냥 똥개마냥 좋아가지고 팔딱 거리는 거 보면 안쓰럽고, 그러다 짜증 나고, 그랬겠지. 그리고 니가 일할 때 곱게나 해? 입에다 쌍욕을 물고 그냥 오만 짜증에 진상까지 부리는데?

공 그러게.

영 아니, 호구를 하려면 너나 하지, 식구들까지 다 동원시켜, 그게 뭐냐. 도대체. 지 새끼 입시는 나 몰라라 하고 남의 자식 입시 상담해 주고 있는 꼬라지를 보면 너래도 맘이 삐뚤어지지. 안 삐뚤어지고 배기냐고

공 ....

영 참, 그래도 자식새끼들이 속 안 썩이고 다 제 살길 알아서 찾아가는 거 보면, 진짜 온 우주가 널 도왔다, 정말. 단군할아버지 때부터 니 조상이 도왔으니 니가 아직 이 집구석에서 사람대접을 받고 살지.

공 나, 더 혼나야 해?

영 아직 시작도 안 했어. 니 남편은 사회생활을 그만치 했으니,

실속 없이 이용당하는 것도 다 보였을 테고. 근데도 안 말린 건 그래도 니가 좋아하니까 '얼마나 좋으면 저럴까?' 싶어서 군소리 안 하고 있어 줬더니. 뭐? 니 남편까지 아니지, 니 자식새끼들까지 니 호구 짓에 끌어들이고 가끔 한 번씩 섭섭하게 한다고 그 지랄을 하고 말이야. 아니, 여기가 무슨 호구 존이야? 대문 앞에 아주 "노 호구 존"이라고 말뚝을 박아야 해! 아주!

공 (힘없이 웃는다.)

영 암튼, 못나 가지고 주변 사람들을 다 고생시키고.

공 그러게 왜 그랬을까? 근데 나도 나름 힘들었어.

영 그럼 힘들다고 해야지. 왜 자꾸 죽겠다고 그래? 왜 다들 불안하게!

공 그러게. 이제 안 그래. 안 그럴 거야.

영 치! 개가 똥을 끊지. 살만해지니까 안 그런다네! 또 힘들면 죽네 사네 할 거면서.

공 안 그래.

영 뭘 안 그래. 넌 자존감이 낮아서 좀 힘들어지면 또 그럴 거라고. 그럴 때마다 불안해할 니 가족들을 생각하라고. 그리고 어떻게든 살아. 너 같은 것도 엄마라고 의지하고 따르는 새끼들이 있고, 너 같은 걸 마누라라고 걱정해 주는 남편도 있으니까. 내가 뭐라데? 넌 결혼하는 그 순간부터 이미 퇴로가 없어졌어. 그냥 직진 go 라고. 에이 숨차! 이제 기운 딸려 지랄도 힘드네.

공 미안하다. 내가

영 나한테 왜 미안해? 가족들한테 미안해해야지.

공 숨넘어가게 욕하게 해서 미안하다고.

영 착한 여자 콤플렉스가 있구만. 사과를 왜 해? 병이야, 못 고쳐. 암튼 정신 차려 이 미친년아! 이 집구석을 호구 공동 체로 만들 생각 아니면 정신 똑바로 차리고 살라고. 알겠어? 까딱 잘못하면 니 새끼들도 니 꼴 되는 거야. 호구 짓도 보고 배운다고, 딱히 물려줄 재산도 없는데, 유산으로 호구 DNA를 물려줄래? 대물림할 거냐고? 야무지게 좀. 어! 영악하게, 실속 있게 살아. 보고 있는 사람 숨넘어가게 하지 말고! 아휴 백날 이야기하면 뭐해. 팔자에 호구 살이 꼈나. (사이) 야! 차라리 굿을 해볼래?

공 별.. 이제 안 그런다니까.

영 죽으면 나중에 꼭 묘비명으로 "나처럼 살지 마라" 꼭 그렇게 써라. 니 새끼들 경각심 좀 갖게. 니 새끼들도 싹수가 보여. 쓸데없이 원칙적이고 고지식한 것이...

공 '나처럼 살지 마라.' (사이) 슬프다. 겨우 생애 마지막에 자식에게 남겨줄 말이 '나처럼 살지 마라' 라니.

영 그러니까 그러기 싫으면 정신 똑바로 차리고 살라고! 맨날 이용당하고 뒤통수 까이고 그러지 말고.

공　....

영　그래야 니 새끼들을 지키지. 이 좆같은 세상에서. 어차피
　　니 새끼 세대에는 호모 사피엔스가 멸종하긴 글렀다고. 괜
　　히 가치가 중요하다는 둥, 실속 없이 착하게 살라는 둥, 이
　　런 헛소리 하지 말고 자본주의에 적응하면서 살 수 있게
　　좀! 하긴, 너도 적응을 못하는데 뭘 가르칠 수 있겠냐! 넌
　　그냥 입을 다물어라. 지들이 그 개놈의 사피엔스들에게 이
　　래저래 치이면 저절로 알게 될 거다. 너나 잘 살아. 그냥.

공　...

3. '비주류' 허세 가면

영　타고나길 본능적이고 충동적인 딱 짐승 같은 게 하필이면
생각 많은 호모 사피엔스로 태어나 욕본다.

공　그러게. 힘들다. 짐승이 사람으로 살라니.

영　삐졌냐?

공　아니. 답답해서. 작은 빙하 위에 홀로 떠 있는 겁먹은 북극

곰 같기도 하고, 그냥 본능적으로 이유 없이 땅을 파는 두
더지 같기도 하고, 우리 안에 갇혀버린 들개 같기도 하고.

영   (웃으며) 확실히 짐승 쪽이 어울리네. 그러니 사람들이랑
어울려 못 살지. 세렝게티가 딱인데..

공   길을 잃은 것 같아. 사람을 믿지 못해서 그러는 건지, 능력
이 안 돼서 그러는 건지. 점점 위축되고 고립이 편하게 느
껴져. 공모 사업도 자꾸 떨어지고, 하다못해 알바 자리 하
나 구하지 못하니까.

영   (말 끊으며) 왜 이번에 공모 서류 다 써놓고 안 냈냐?

공   뭐 어차피 되지도 않을 거 너무 안달하는 내가 자꾸 초라
해져서.

영   니가 될지 안 될지 어떻게 알아? 그냥 대가리를 막 디밀
라니까! KO시킬 힘이 없으면 자꾸 잽이라도 날려. 그래
야 맷집이라도 생길 것 아니냐고.

공   그렇긴 한데 너무 지쳐. 이미 짜여진 각본이 있는데 나
혼자 들떠서 칠렐레 팔렐레 푼수 떠는 것 같아서. 온 우
주가 나를 빼고 돌아가는 것 같은 느낌이야. 내가 오히려
이 우주의 질서에 적응을 못 하고 있나? 싶기도 하고.

영   그러니 맨날 변두리에서 이렇게 찌질하게 살지.

공   시작은 내 선택이었는데 어쩌다 보니 내 선택에 멱살을
잡혀 질질 끌려가는 꼴이 됐어. 돈보다는 가치 있는 일을

계속 선택했던 게 자랑스러웠던 적도 있었는데, 어떻게 사는 게 맞는지 잘 모르겠어. 사실 그렇게 산 세월이 후회스럽기도 하고.

영 이제라도 철 들어 다행이다.

공 (희미하게 웃으며) 타락했어. 전락!

영 올해 들은 말 중에 제일 웃겨. 씨발, 딱 까놓고 그래 가치 있는 일 좋지. 근데 그러면서도 유명해지고 싶고, 히트곡 작곡가도 되고 싶고, 멋진 배우들이랑 일하고 싶고, 그래서 좋은 집에서 좋은 차 타고 우아하게 그렇게 살고 싶잖아. 두 마리 토끼 다 잡아가며.

공 (아주 작은 목소리로) 노래도 하고 싶고.

영 에이 씨, 그건 다음 생에서나 해. 말하는데 자꾸 딴 데로 세게 말이야.

공은 시무룩해진다.

영 빨리 용기를 냈어야지. 늦었다고 생각할 땐 이미 늦은거라며. 내일모레 50인 할망구랑 누가 일하고 싶어 해?

공 50이 할망구냐?

영 니가 그렇게 생각하잖아.

공 그냥 좀 나이가 많다고 생각하는 거지.

영   그게 그거야. 그래, 어릴 땐 가치가 중요했지. 그건 나도
      인정. 근데 가치도 있고, 돈도 벌 수 있는 일 할 기회가
      있었는데, 그 경쟁에선 니가 도망쳤잖아. 너의 가장 큰
      문제는 너를 니가 믿지 못하는 거라니까. 그러다 이렇게
      세월만 보낸 거고. 그러니까 남 탓할 것도 없어.

공   그건 아니야.

영   진짜 아니야?

공   ..... 아닌 것 같아.

영   아니면 아닌 거지, 아닌 것 같은 건 또 뭐야? 야, '난 원래
      속물이다.' 그거 인정하는 게 그렇게 힘들어? 뼛속까지
      속물인 년이 그걸 들킬까 봐, 가치 어쩌고 하면서 연기를
      하니 힘들지. 속물인 게 범죄냐?

공   속물이 나쁘다는 게 아니고 가치가 더 중요하다고 생각
      하는 거야. 통장에 돈이 쌓일 때보다 뭔가 뭉클한 것이
      올라올 때, 그때 더 내가 괜찮아 보였던 건 사실이야.

영   (짜증스럽게) 아, 네네. 그럼 그냥 그렇게 쭉 사세요. 씨
      발. 도대체 날 왜 부른 거야? 제일 기피하고 싶은 인간들
      이 너처럼 답 정해놓고 상의하는 척하는 것들이야. 들을
      준비가 되어있는 척. 민주적인 척. 대인배인 척!

공은 풀이 죽은 채로 발가락을 쳐다보며.

공　미안. 들을게. 말해.

영　마지막이야. 잘 들어. 넌 돈과 명예 가치 성공 이 모든 걸 다 잡고 싶으면서, 입으로는 가치만 중요하다고 쇼하면서 가짜 인생을 살았다고. 이 등신아.

공　내가 원하는 게 속물이라고 비난을 받아야 할 정도로 대단한 거야? 그냥 재능기부 강요받지 않고 재능기부 부탁하지 않아도 되는 그 정도도 바라면 안 되는 거야?

영　결국 돈이잖아. 돈이 있어야 그걸 하지. 그럼 돈 되는 일을 해야지. 고고한 척. 재수 없게. 남들이 그만큼 벌면서 일하는 게 쉬워 보이던? 남들이 가치 있는 일에 헌신한다고 추켜 세우고, 교육철학이 훌륭하다며 인정해주니까 황홀했지? 너 혹시 명예로 오르가즘 느끼냐? 변태야?

공　(흘깃 영을 째려본다)

영　뭘 째려봐? 이 지경이 되도록 넌 그냥 그 황홀경에 빠져서 맨날 자원봉사나 하고 자빠졌으면서! 그러면서 품위 있게. 존경받아가며 일하고 싶은 거잖아. 아니 왜 자본주의 사회에서 자본과 거리 두기를 하냐고, 한심하게.

공　그만해. (의자에서 벌떡 일어난다.)

영　넌 항상 그게 문제지. 니 깊은 곳에 있는 욕망을 인정하지 않는 거, 욕망을 부끄러워하는 것, 그래서 정당한 권리를 요구하는 것조차 부끄러워하는 것. 그러면서 피해의식에 쩔어있는 것, 그래놓고 무슨 대단한 일이라도 하는 양, 속으론 성공한 애들 부러워하고 시샘하면서 겉으론 안 그런 척, 겸손한 척, 가치가 소중하다는 둥, 주둥이로 썰이나 풀며 허세 떠는 것.

공은 돌아서 들어가려고 한다.

영   왜 또 도망치게?

공은 걸음을 한걸음 옮긴다. 영은 빨리 말을 이어간다. 공은 영의 말에 굳어 버린 듯 제자리에 서서 뒤돌아보지 않은 채 제자리에 서서 듣는다.

영   그래, 그만해. 도망이 편하긴 하지. 여태 이야기 해줘도 못 알아쳐먹으면 그냥 지금처럼 사는 게 맞아.

공은 몸을 돌려 의자를 잡고 말한다.

공   가치가 중요하다고 생각했던 건 거짓이 아니야.
영   누가 거짓 이래? 그것보다 더 큰 욕망이 있는데 그 욕망을 너 스스로 인정하지 않고 노력하지도 않고. 아니지,

그걸 인정하면 노력을 해야 하니 그게 귀찮아서 그러나? 남편 등쳐먹으면서 사는 게 편하니까. 하긴, 모든 것이 애매하고 매사 자신 없는데 허세라도 부려야지 암, 허세라도 있어야 살지. 그래 어차피 세상도 언제나 널 속이는데 너도 세상을 속여버려! 공정하네, 안 그래? (사이) 핑계는 많고 허세는 쩔고 참 잘도 되겠다!

공 (거울 앞쪽으로 다가와 화를 내며) 아니야!

영 웃기시네! 니 가면을 너라고 착각하지 마! 잘살고 있는 애들 가까이 가기 위한 노력은 안 하면서 속으로 부러워하고 질투하며 스트레스받는 찌질한 열등감 덩어리 주제에 가면 뒤집어쓰고 자기는 비주류 입네, 허세나 부리는... 이건 뭐, 세상을 속이랬더니 지가 지한테 속아 넘어가서. 븅신, 멍청하긴.

4. 관종들의 가장 유치한 무기
'동정이라도'

공 그래서 뭐? 어쩌라고! 이제 와서 뭘? 어? 그래서 이렇게 불
쑥불쑥 나타나서 상기시켜주는 거야? 넌 열등감 덩어리니
잘난 척하지 말고 그냥 찌그러져서 쥐 죽은 듯 살라고? 그
래서 사람들 앞에서 날 쪼다로 만들어 완전히 고립시키고
싶은 거냐고. 왜 자꾸 나타나서 사람 환장하게 만들어! 숨
기고 싶어서 숨겨놨으면 그냥 숨어있으라고!

영 어! 이제야 본심이 나오네.

영은 고개를 한번 돌리고 한번 숨을 가다듬고 난 후 다시 공을 보며 말을 이어간다.

영 야! 그리고 나타나긴 누가 나타나. 지가 불러놓고

공 니가 갑자기 나타나면 내가 얼마나 당황스러운 줄 알아?

영 그러니까 왜 자꾸 날 끄집어내!?

공 니가 날 조종하잖아! 너 때문에 그나마 몇 명 있지도 않은 친구도 다 떠나게 생겼어.

영 야 내가 널 어떻게 조종해! 난 그냥 존재할 뿐이야. 사용은 니가 하는 거라고.

공 (힘이 다 빠진 목소리로) 니가 다 망쳤다고. (고개 숙인다)

영 다시 말하지만, 난 그저 니 안에 존재할 뿐이야. 다른 사람들도 다 마찬가지야. 크건 작건 모든 인류에겐 내가 존재해. 사용을 하고 말고는 각자의 몫인 거고. (사이) 그리고 니가 카톡에다 그 지랄들 할 때 난 오히려 말렸어. 니가 스스로 통제 못 해서 진상 떤 걸 왜 나한테 뒤집어씌워!

공 (간신히 고개만 들고) 날 말려?

영은 한 템포 쉬듯 잠시 공을 바라본다. 공도 침묵한다.

136

영 그러니까 결국 널 그렇게 망가트리는 건 내가 아니라 너야! 유식한 말로 자기 학대, 자기 연민, 셀프 빅엿,

공은 고개를 떨군다.

영 왜? 동정이라도 받고 싶던? 내가 이렇게 죽게 힘드니 나 좀 봐 달라고? 참내 관종 아니랄까 봐. (사이) 그래 솔직한 건 좋아. 근데 그게 진상을 부리란 말은 아니잖아? 난 그냥 니 친구들이 좋은 일이 생기고 승승장구하는 게 널 더 초라하게 만들면 억지로 연기까지 해가며 진심인 양 축하해 줄 필요는 없다고 한 것뿐이야. 근데 니가 보낸 카톡을 봐.

공 (괴로운 듯 손바닥으로 얼굴을 가리며) 보지마!

영 니가 싸질러 놓은 글을 보면, 넌 너 같은 호구들 이용해 먹을라고 만든 '사회적 가치' 덫에 걸려놓고 뭐 대단한 일 하는 양 허세에 쩔어 사는 이상주의자고, 성공한 인간들을 부러워하면서 관심 없는 척 연기하면서 들킬까 봐 조바심 내는 쫄보일 뿐이라는 걸 딱 증명하고 있다고!

공은 의자에서 일어나 등을 돌려버린다.

영 그래, "축하한다고 못 해줘서 미안하다. 내가 요즘 너무 힘

들어서 진심으로 축하를 못 해주겠다." 이러고 끝을 내야지, 니기 한 진상짓 좀 내 읽어주랴? (공의 무릎에 있는 핸드폰을 빼앗아 보며) 와! 이건 뭐, 거의, 대화창에 똥칠을 해놨네!

영은 손으로 핸드폰 화면을 넘겨 보다가 핸드폰을 뒤집어 놓으며 말을 이어간다.

영 야! 나 봐!

공은 계속 뒤돌아서서 미동도 하지 않는다. 영은 조금 기다리다가 말을 이어간다.

영 좋아. 그럼 그러고 들어. (한숨을 쉬며) 니가 어디 가서 영정사진을 찍고 오건, 생명보험을 알아보건, 그게 그 사람들이랑 무슨 상관이야? 사람들이 그걸 보고 걱정할 것 같아? 웃기는 소리 하지 마. 다 짜증 내. 봐! 답글 다는 사람도 없잖아. 왜? 사람들은 이제 너한테 지쳤거든. 아니, 질렸거든. 그 사람들이 너한테 뭘 잘못했어? 그 사람들이 잘 되는 게 너한테 피해를 줘? 도대체 어? 왜 그 사람들이 니 배설물을 뒤집어써야 하냐고. 언제까지? 야, 그건 가족도 못 하는 짓

이야. 니 남편도 못 해. 오죽하면 그 보살 같은 놈이 이혼하
자고 하겠냐고. 근데 남들이 걱정을 해? 좆까지 말라 그래.
넌 그냥 정서불안에 우울증까지 걸린 같이 일하기 불안한
파트너로 전락한 거야. 병신아. 컨트롤이 안 되면 차라리 입
을 다물든가, 핸드폰을 꺼 놓든가. 이게 뭐냐? 이게! 차라리
마트에서 드러눕는 애들처럼 너를 이지경까지 만든 그 새
끼들 앞에 가서 배 째라고 드러누워! 그것도 아니면 목에다
피켓 걸고 1인 시위라도 하든가.

공 (뒤 돌아 선체 고개를 떨구고 말한다.) 난 그냥 말할 곳이
필요했던 것뿐이야.

영 야 니 눈으로 한번 봐. 이게 말이야? 손으로 똥을 싼 거지.
골대도 아닌 곳에 계속 헛발질하면서 공 안 들어간다고 지
랄하는 공격수라고. 그런 새끼는 같은 팀에서도 짐이야. 그
럼 어떻게 돼? '계약해지'. 뭔 말인 줄 알아? 넌 거기서도 이
제 영영 불 필요하고 불편한 짐이 된 거라고. 넌 이미 선을
넘었고 이제 퇴출만 남았다고. 병신아, 모르긴 몰라도 아마
너 빼고 새 카톡방 열었을 것이다.

공 외로웠어. 목구멍이 시리도록 서러운데 말할 곳이 없었어.

영 그럼 그렇게 말을 해. 외롭고 서럽다고. 왜 겁주고 협박하고
지랄이야. 다 널 도와주려던 사람들이었는데. 그나마 비빌
언덕이라곤 거기뿐이 없는 년이.

공 누구? 누구한테 이야기를 해? 다 듣기 싫어하는데, 다 듣기 싫어 피하는데 누구하고 이야기를 해? 차라리 죽었어야 해. 죽으니까 진심이라고 믿어주더만. 얼마나 힘들었을까 하면서.. 지켜주지 못해서 미안하다며.. 진짜 구역질 나. 이제 다 끝났어. 다! (사이) 다.. 끝났다고.

영 그래서 이 진상짓을 한 거야? 어차피 죽을 용기도 없는 년이. 이거 관심받고 싶어서 자작극 한 거네? 너 진짜 막 나가기로 했냐?

공 그런거 아니야. 진짜 죽고 싶었어. 진짜 진심이었어. 그냥 연기처럼 사라지고 싶었어. 벌레같은 나를 누가 좀 밟아 죽여줬으면 좋겠다고!

영 아! 밟아 죽여달라고 그 진상짓을 한거야? 꼴깝하고 있네. 야! 동정이랑 관심은 다른 거야. 동정을 관심으로 착각하지 말라고! 이 등신아. 네가 하는 짓은 동정을 구걸하는 진짜 못나빠진 짓이라고. 관심 종자들이 관심받고 싶어 환장해서 하는 짓 중에 제일 진상 오브 진상, 아주 유치하고 못난 짓이 동정을 무기로... 너 이제 여기서 한 발자국만 더 가면 이제 진짜 건널 수 없는 강을 건너는 거라고! 막 막말하면서 아무나 쏴대는 진정 입으로 똥 싸는 진상이 되는 거라고! (사이) 말해 뭐 해! 맞아! 넌 버려졌어. 이제 니 미래는 그냥 독거노인! 고독사! 좋냐?

2막 2장.
화! 가! 난! 다 !!

1. 가성비 좋은 특가상품

공은 뒤돌아 선 채 머리를 흔들며 비명을 지른다.

공 악!!

비명을 멈추고 영을 향해 휙 돌아서서 떨리는 목소리로 소리를 지르듯 말한다.

공 화가 나! 자꾸 화가 나! 나도 내가 못나고 부족한 거 알아. 그래서 열심히 하잖아. 뭐든지 열심히 하잖아. 근데 왜! 왜! 왜 맨날 무시하고, 이용하고. 내가 이놈 저놈한테 그런 식으로 어! 막 그렇게까지 당해도 될 정도로 형편없어? 내가 아무나 아무렇게나 막 사용해도 되는 물건이야? 내가 그렇게 만만해? 아무 말이나 막 해도 되고 어! 아무나 막! 다 꼴 보기 싫어! 그걸 받아주는 비굴한 나도 싫고, 다 알면서 그딴 식으로 말하는 너도 싫고 다 싫어! 그냥 다!

영은 그제야 의자에 다리를 꼬고 앉는다.

영 그래. 잘한다. 더 해봐.
공 힘든 일은 내가 다 하는데, 정말 징글징글하게 열심히 하는데 왜 맨날 비렁뱅이처럼 구걸을 하고 다니게 만드냐고. 소중한 가치라며! 공동체를 위한 가치 있는 일이라며! 그래서 열심히 했잖아. 근육이 다 빠져나가도록 열심히 했잖아. 어떻게 더 열심히 해. 사람이 어떻게 이것보다 더 열심히 하냐고. 맨날 밤을 새우고 혼자 짐을 옮기고, 혼자 서류 쓰고, 혼자 오만가지 컴플레인 다 들어주고. 근데 왜 난 점점 더 어려워지고 지들이 공은 다 가져가냐고. 지들은 야근 근무수당도 받고, 성과급도 받고 하면서 난 왜 점점 더 적게 주면서, 더 잘하라고 그러냐고. 예술가는 뭐 태초부터 타고나서 하는 줄 알아? 이렇게까지 하기 위해 얼마나 징그럽게 연습하고 공부해야 하는지 알아? 예술가가 호구야? 재주 부리는 곰이냐고!! 맨날 재주만 넘게 하고 돈도 명예도 성과도 옆에서 팔짱 끼고 구경하던 놈들이 다 가져가! 나한테 남는 건 흩어져 사라지는 칭찬과 빈 통장뿐이라고.

영 호구니까! 봉이니까! 시키면 다 하는데! 그것도 그냥 해? 죽자 살자 열심히 하는데! 말로만 고맙다고 영혼 없이 한 마디 툭 던져주면 좋다고 막 꼬랑지 흔드는 개새끼처럼 좋아서 그냥 어? 얼마나 좋아? 막 쓰다가 버리기도 좋고. 힘들어도 잘 견디고, 컴플레인도 안 하고, 가성비도 좋고! 게다가 지가 좋아서 하는 일이라고 생각할 텐데, 뭐하러 챙겨? 그냥 일회용처럼 쓰고 버리면 되지. 게다가 얼굴마담으로 쓰기는 또 얼마나 좋아! 뭘 해도 뽀대 나게 딱 해주니.. 문화 예술계의 이국종이지. 예산을 지키기 위한 얼굴마담만 졸라 시키면서 혜택은 중간에서 다 가로채고 고생한 놈은 계속 맨땅에 헤딩만 시키니 대가리가 깨지지. 심장도 깨지고.. (사이) 이국종 박사, 그 양반 인터뷰 봤냐? 진짜 너무 지쳐서 얼굴에 표정이 다 사라졌더라. 모든 일상이 체념이 되어 버려서 영혼이 부서져 버린 얼굴. 딱 지금 니 얼굴 같은. 이제라도 그만뒀으니 다행이야. 너도 마찬가지고! (사이) 근데 그분은 사회적으로 영향력이라도 있지, 넌 뭐 별 존재감도 없는 년이 뭘 그렇게 다 바쳐서 호구 짓을 해!

공은 주저앉아 무릎을 모아 얼굴을 처박는다. 영은 공을 측은 하게 바라보다가 다리를 바꿔 꼬아 앉으며 신경질적으로 말한다.

영 뭘 울어! 모질지 못해서 조금만 잘한다 잘한다 립서비스만 해주면 훌랑 넘어가는 쉽고도 가성비 좋은 멀티플레이 호구! 지가 가진 재주의 가치도 모르는 병신 쪼다 찌질이. 모두가 막 써먹을 수 있는 베스트 오브 베스트 호구! 호구계의 스티브 잡스! We are the world 모두의 호구!

공과 영은 그대로 멈춘다. 그러다 배를 움켜잡고 웃는다.

영 (웃으면서) 야! 언제까지 그러고 있을 거야? 빨리 와 앉아. 그러다 관절 다 나가. 나이도 많은 년이.

공은 한참을 웃다가 엉덩이를 털고 일어나 넘어트린 의자를 세우며 말한다.

공 갑자기 내가 내 차 같다는 생각이 드네.

영 더럽다고?

공이 의자에 앉으며 웃음기 있는 목소리로 말한다.

공 흐흐. 아니, 가성비가 좋잖아. 넓어서 사람도 많이 태우고 짐도 많이 들어가고, 내부는 아반떼 같은데 경차니까.

영 뭐..

공 어디 내놓기는 좀 그런데, 막 타고 다니기는 좋은, (사이) 사고가 나도, 고장이 나도, 돈들여 수리하긴 아깝지만 또 버리기는 아쉬운, 그러니 폐차가 될때까지 옆에 두고 아쉬운데로 막 써먹는 실용적이고 가성비 좋은 내 차.

영 경차도 차야. 그리고 위로가 될지 모르겠다만 매니아층이 있잖아~

공 칫. (웃으며) 퍽이나 위로가 되겠다. 가성비 좋은 특가 상품

박리다매용인 거지.

영　박리다매 좋아하시네. 박리다매도 다 남는 장사야. 넌 남는 것도 없이 손해만 보는데, 무슨 박리다매냐? (고개를 저으며) 음음, 음음. 넌 그냥 '무리다매' 없을 무, 이익리. 이익 없이도 졸라 열심히 일해주는 공짜 인생.

공　(허탈하게 웃으며) 씨발! 진짜, 더럽게 슬픈데 웃겨.

영　오!! 야! 드디어 니가 욕의 카타르시스를 알게 됐구나! 이제야 어른 됐네. 야, 축하한다. 그래. 혼자 있을 때 막 욕해. 기분이 확 좋아진다니까! 욕해. 내가 그랬잖아. 인생이란 게 원래 좀 상스럽고 좆같다고. 그래서 가끔 인생 그 새끼는 욕을 좀 먹어도 싸. 술도 못 먹는 년이 욕이라도 해야 좀 속이 풀리지. 주변에 쌍욕 장인 있잖아. 찾아가서 좀 배워!

　　　공이 웃는다. 다리를 꼬고 등받이에 불량하게 등을 기대어 앉아서 말한다.

공　씨발! 인생 졸라 엿 같다.

영　이야~ 얘 봐라. 재능 있네. 한 오백 년 욕만 해온 장인처럼 욕을 하네! 야 너 재능 있다!! 축하한다. 이건 니가 넘버 원!

공　아하하하핫! 코미디다 진짜. 이 와중에 웃음이 나.

영　원래 인생이 그래. 코미디야, 코미디. 뭐, 인생이 별거야? 똥

싸면서 청국장 찌개 두부 빼먹은 거 떠올리고, 이별하고 노래방 가서 눈물 줄줄 흘리면서 노래하다가도 리모컨으로 다음 노래 검색하고 몇 분 남았나 확인하는 게 인간이야. 그런 게 인생이고. 뭐 꼭 대단하게 살아야 인생이냐?

공 허무하다. 진짜 인생 별거 없네. 뭐하러 그렇게 열심히 살았을까? 이국종 교수님도 이런 심정이셨을까?

영 누구랑 누굴 비교해! 이거 아주 나쁜 버릇 있네! 감히 너 따위랑 비교당하고 그럴 레벨의 분이 아니야! 입에도 올리지 마! 사람들이 비웃어.

공 그러게.. 그분이나 나나 참 별거 없는 인생 뭘 이렇게까지 힘들게 살까 싶어서.. (영을 보며) 비교하는 거 아니야!

영 (고개를 끄덕이며) 별거 없진 않지. 졸라 힘들잖아. 나중에 죽으면 어차피 한 줌 가루인데.. 암만 잘난 척해봐야 결국 가루로 돌아갈 것들이 지들끼리 뭐라도 되는 줄 알고 그냥 피똥을 싸가며 힘들게 사는 거지. 완전 개 코미디.

2. '공모사업'이라 쓰고
'노예계약'이라 읽는다.

공 이제야 현실이 보여.

영 봐라! 먹어보니 똥이 맞지? 마을학교 때려치고 철들었네.

공 너무 힘들었어. 이러다 죽겠구나, 싶더라.

영 진짜 죽을 뻔했지. 뭐. 한 달 사이에 이사를 10번을 다니게 하니 사람이 버티냐고. 용달 빌릴 예산도 없어서 그걸 혼자

리허커에 싣고.. 진짜! 그 세트랑 의상, 소품을 다 이고 지고 이사를 다니니. 용날 부를 돈도 없는 애한테 매일매일 사다리 차 불러다가 짐을 뺐다 넣었다 하라니 죽으란 소리지. 넌 그러다 뒈져도 산재도 못 받아! 하긴, 그건 산업재해가 아니라 공공의 살인이지.

공 살인. 맞네. 내가 안 죽었으니 살인 미수네. (힘없이 웃는다) 근데 뒷바라지가 내 일이니까. 애들은 연습해야지.

영 그렇게 키우니 애들이 아냐? 선생들 개고생을? 아무리 생색내려고 하는 일 아니라지만, 그렇게 다들 몰라주니 마음을 안 다치냐고. 하긴 그전에 몸이 다 망가져 버렸으니.

공 그래서 그만뒀잖아. 그만해. 애들은 죄가 없어.

영 죄가 없긴. 지들만 아는 것들. 선생들 개고생하는 거 당연한 줄 알고 선생들 치우는데 앉아서 놀고 있는데, 니가 그렇게 물고 빨고 하는 그놈들만 너 따라 개고생하는 거 아니냐고. 씨발! (옆으로 앉으며 공을 쳐다보며) 걔들 이제 좀 놔 줘.

공 놔주고 말고 할 게 어딨어. 다들 알아서 잘 사는데. 나보다 나아. 나랑은 비교가 안 될 정도로 훌륭한 애들이야.

영 당연하지. 근데 니가 자꾸 붙잡잖아. 발길 안 떨어지게.

공은 의자 위로 올려 끌어안는다.

공 그러게. 그러네. 근데 걔네들만 의지가 돼. 인간들 다 꼴도 보기 싫은데 그놈들만 의지가 돼. 아무도 못 믿겠고 아무도 만나기 싫은데, 걔들만 보고 싶어.

영 참 눈물겨운 짝사랑이다. 야, 니 옆에 있어 봤자 딱 니 꼴 나기 십상이야. 놔둬. 훨훨 날게. 니가 지금 애들 날개 꺾는 거야. 니가 뭐라고 자꾸 애들을 끼고,

공 (말 끊으며) 그럴 거야. 그래야지. 나처럼 되면 안 되지.

영 공무원 나쁜 새끼들. 지들이 할 수 있는데 바빠서 못하는 것도 아니고 어? 지들이 능력이 없어서 못 하는 걸 예술가나 마을 활동가들을 통해 채우려는 거면서, 공손까지는 바라지도 않아. 무슨 거지 적선하듯, 무시하고 감시하고.

공 뭘 욕을 해. 그게 그 사람들 일인데.

영 뭐, 아니 지들처럼 앉아서 서류만 쓰면 너라고 그만큼 못 하겠냐고. 지들은 너처럼 음악 듣고 바로 악보로 그릴 수 있냐고! 지들이 쓴 만 시간은 대단하고, 니가 쓴 만 시간은 공짜로 거저 얻은 건 줄 아는 거지. 우스운 거야. 싸가지 없는 돌대가리들. 아니 그리고 그렇게 의심할 거면 공모사업은 뭐 하러 해? 지들이 북 치고 장구치고 다 하지. 그 도의원들, 지역교육청 행정가들 지들이 다 나와서 하라고 해! 멀티플레이어로 함 다해보라고 해! 씨발놈들! 쥐뿔도 모르는 것들이 책상머리에서 회의만 존나 하면서 뭐 대단한 일 하

는 줄 알고, 지들이 현장을 알기나 해? 말해 뭐해! 씨발. 잘 때려 첬이.

공 이제 후회도 없고 미련도 없어. 말로는 마을사업이 중요하네, 지속성이 중요하네 그러길래 5년간 뼈 빠지게 일해서 마을 인재들 발굴하고 키워놨더니 결국 외부에서 사람 데려와 예산 펑펑 주면서 사업하더라. 그때 알았지 난 물건이었구나. 그냥 저들 목적의 부속품이었구나.

영 양아치 새끼들.

공 사람만 나쁘겠니? 시스템이 문제니까 사람들도 망가져가는 거지.

영 시스템만 문제겠냐? 그걸 사용하는 인간들이 시스템을 다 망가뜨리는 건데.

공 결국 다 문제네. 암튼 프로그램만 홀랑 빼가고 고생해서 키워놓은 마을 인재들은 다 흩어지고. 허무해. 그냥 생명 없는 물건이 된 기분이야.

영 야 물건은 지 상품 가치에 맞는 가격이라도 있지.

공 그러네. 물건은 가격이 있네. 나보다 낫네.

영 맨날 공익 어쩌고 하면서 씨부리는 그 새끼들은 니가 해낸 게 뭔지도 관심도 없어. 내용, 철학 뭐 이런 것들보다는 그냥 숫자만 중요하니까. 우리 동네에 학교가 몇 개인지. 최초인지, 높은 사람들 봤을 때 뽀대는 나는지. 늘 질보다는 양이고, 그게 형평성이라고 생각하니까. 60시간 하는 학교랑 560시간 하는 학교랑 예산을 N빵 시키는 호연지기 봐! 그게 보통 무식해서 할 수 있는 일이냐? 그 인간들은 그냥 뭘 하든 사고 없이 무사히 사업만 마치면 장땡인거야.

공   그냥 다 AI가 해줬으면 좋겠어. 어차피 영혼 없기는 공무원이나 AI나 마찬가지인데.. 다 썩었어. 인간도, 시스템도, 나도. 어디나 다 고인물이고 어디나 다 후져. 다 썩었어 진짜.

영   넌 얼굴이 썩었어. 에라이 이 모지리야. 주둥이에다 떠 먹여 줘도 똥인지 된장인지 모르는 것들을 위해서 재능 낭비로 보낸 세월이 얼마야?

공   그 와중에 고마운 사람들도 있긴 했었는데.

영   고맙긴 뭐가 고마워. 언제 한번 파트너로 동등하게 대접받은 적 있어? 면접하면서 "이 돈으로도 할 수 있죠" 그거 한 마디 물어보는 게 면접이야? 통보지. "이 돈으로 못 할 거면 꺼져!" 이거 아니냐고! 졸라 교양 있는 척하면서! 구역질 나게! 아가리를 확!

공   그렇게는 못 하겠다고 해볼걸. 그걸 못 한 게 제일 후회돼.

영   그러니까. 그럴 때 나를 불렀어야지. 아니 그렇게 비굴하게라도 그게 하고 싶던? 찌질하게. 하긴 그러니까 공무원들도 널 만만하게 보고 이용하지. 딱 그거 아니야. 만 원 주면서 이걸로 자취방 월세 내고, 등록금 내고, 책 사고, 옷 사 입

고, 그러면서 성적도 잘 받으래. 씨발놈들, 지들 자식이 그
런 대접받고 일한다고 생각해봐. 눈깔 뒤집히지. 지들은 노
조까지 만들어가며 다 챙겨 먹더만.

공 너무 그러지 마라. 좋은 적도 있었다니까 그러네.

영 뭐! 언제? 말해 봐! 셋, 둘, 하나! 없지? 이것 봐. 아휴 넌덜
머리 나. 그 무능한 장학사 년. 연습 장소 없다고 도와달라
고 할 때는 못 들은 척, 무기력하고 무능하더니 높은 사람
오니까 의전은 아주.. 난 뭐 어디 용역회사 보디가드인 줄?
얼마나 신속하고 빠르고 절도 있던지. 구역질 나. 높은 사
람들은 그런 것도 모르고, 맨날 그만두면 안 된다는 소리
나 하고. 지역에서 어떤 꼬라지를 당하는지도 모르고.

공 다 나쁜 사람들은 아니라니까. 도와주고 싶어 하는 사람들
도 있었어. 미안해하는 사람도 있었고.

영 누가 다 나쁘대? 그리고 도와주겠다고 말만 했지, 뭘 해줬
는데? 받지도 않은 걸 받았다고 착각하지 마. 주둥이만 가
지고 누가 못 해? 원래 말이 제일 쉬운 법이야.

공 하긴 그러네.

영 인간이 원래 자기 보호가 본능이라지만, 공무원은 거의
뭐.. 도전하면 시행착오가 생길 것이고, 그게 혹시라도 자기
책임이면 승진이 늦어질 것이고, 그러니 새로운 것, 낯선 것
은 안 하고 싶고, 맨날 하던 대로 하던 놈들이랑 하는 거

지, 안 그래? 대충 보니 책임 소재 따지고 정하는 게 그 인
간들의 주된 업무 더만. 그중에 학생들의 교육에 관심 있는
사람이 몇이나 될 것 같아? 그냥 지들 월급을 위해 애들과
교육이 필요한 거지. 애들이 있어야 선생이 필요하니까.

공 없진 않아. 애들 입장에서 고민하는 선생님도 있어.

영 아주 없으면 그게 콩가루지. 있기야 하겠지. (사이) 공무원
도 마찬가지야. 주둥이로는 맨날 국민의 삶을 위해서라고
말하지만 결국 지들의 삶을 위해 국민이 필요한 거지. 국민
이 있어야 공무원도 필요하니까. 국민이 세금을 내줘야 월
급도 받고. 그런 주제에 국민 알기를 개, 돼지로 알고 노예
부리듯, 세금 도둑 새끼들.

공 근데, 공모사업 말고는 뭘, 해 볼 기회 자체가 없으니까. 국
민은 영원한 '을', 예술가는 그보다 못한 '병'?'정'?

영 '병'이나 '정'만 돼도 다행이게? 노예야 노예. 공모 사업 좋아
하시네! 공모 사업이라고 쓰고 노예 계약이라 부르는 그거.
예술가들 재능 빨아먹으면서 잘 되면 홀랑 지들 거로 가져
가고 예술가들은 팽 시키는 그런 좆같은!! 재능기부하면서
잠재적 범죄자 취급까지 받아야 하는 게 노예지, 그게 사람
이냐? 채찍만 없지. 하긴 요즘은 그 노예라도 되겠다고 목
을 빼고 줄을 서니. 개, 돼지로 봐도 할 말이 없네. (사이)
다른 방법 없나?

공 없어. 금수저면 모를까. 그래서 아무것도 안 하고 싶어. 진 짜. 그냥 숨만 쉬고 살다가 빨리 생을 미감하고 싶나.

영 야! 이 도른자야. 노예 생활 끝났으면 그냥 니 삶을 살아. 뭐 어디 취직을 하던가. 뭘 해도 그 공무원 새끼들 들러리 서주는 것보다는 나아. 무슨 생을 마감해! 넌 이미 너무 늙 어서 요절도 글렀다니까! 그냥 가늘고 길게나 살아. 혹시 아냐? 니 가치를 알아봐 줄 인간을 만나게 될지? 눈먼 돈이 면 더 좋고.

공 내 팔자에 무슨. 난 나무라잖아. 평생 퍼주기만 하는 나무. 돌봐주지 않아도 지가 알아서 크는 나무,

영 존나 오래 사는 나무. 기왕 나무로 태어났음 높이 높이 자 라지. 어떻게 옆으로만 자라냐. 넓은 그늘에서 쉬는 놈들이 랑 열매 따먹는 놈들 좋은 일만 시키고. 하는 꼬라지를 보 니 숯이 될 때까지 졸라 남 좋은 일만 하다 가게 생겼어.

공 그러게. 그래도 보람 있고 가치 있는 일이니, 포기하지 말라 고 하잖아. 근데, 그 말이 더 상처가 된다.

영 지 자식들 보고나 그러고 살라고 해. 꼭 그런 말 하는 놈들 이 지 이익 다 챙기고 나면 제일 먼저 등 돌리더라. 지 자식 새끼들이 너같이 산다고 했어 봐. 아주 거품을 물지. 가난 한 시민들 재능 쏙쏙 빼먹으며 등쳐먹는 것들이 꼭 지 자 식새끼는 유학 보내고 의사 만들고 공무원 만들고 그러더

라. 씨발 새끼들, 보람도 하루 이틀이지, 어떻게 사람을 숯이 될 때까지 이렇게 알차게 뜯어먹냐고. 거름이건 양분이건 영양제건 좀 줘가며 해야 할 것 아니야! 맨날 나무 앞에 서서 '졸라 고맙다, '졸라 고생이 많다' 이러면서 주둥이로 퉁치고!

공   뭐 어쩌겠어. 내가 그렇게 태어난 걸.

영   야! 차라리 그 맨날 돈도 안 되는 예술로 재능을 낭비하지 말고 어디 취직.. (사이) 아니다. 똥 마려운 놈한테 똥 참으란 소리지, 그게.

3. 프리랜서 예술가에게
건강보험득실 확인 증명서란?

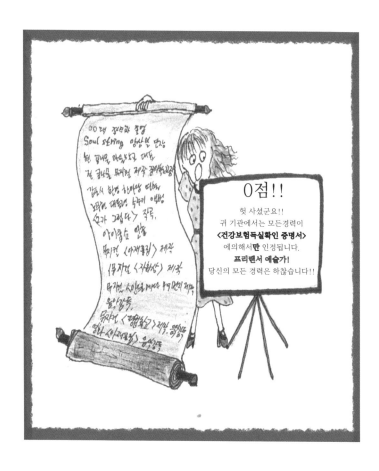

공 취직하면 자본주의 노예가 되겠지.

영 야 그래도 거긴 일한 만큼은 주잖아. 최저 생계비. 야! 공
   익? 그거 어차피 '공무원의 이익'의 준말이야. 공무원을 위
   한 노예 하지 말고 자본주의 노예로 갈아타.

공 이러나저러나 노예는 노예네.

영 다르지. 자본주의 노예는 적어도 땀 흘린 만큼 법적으로
   받을 수 있게 보장되어있잖아. 예술가들은 법으로도 보
   호를 안 해줘요. 졸라 이용만 해 먹지. 극빈층 예술가 주
   제에 사회적 가치는 무슨!! 진짜 감정적 사치야, 정신 차
   려. 넌 니 남편 아니면 아사 당해 죽었을 것이다. 그러니
   까 이제부터 너랑 니 가족, 통장잔고만 생각하면서 살아.
   니 가족이 성모 마리아고 마더 테레사고 부처다 진짜.

공은 갑자기 큰 한숨을 쉰다.

공 내가 너무 초라하고 하찮게 느껴져.

영 거울을 봐. 진짜 초라하고 하찮아 보이지? 팩이라도 해.
   쫌. 이게 산 사람 얼굴이야? 나이도 적지 않은 게 무슨 배
   짱으로 관리도 안 하냐.

영은 공의 눈치를 살피다 말을 이어간다.

영 웃기려고 한 소리인데 안 웃네.

공 헛살았어. 가족들까지 고생시켜가며 죽자고 열심히 했는
데 남은 게 하나도 없어. (고개를 떨구고 손가락을 만지
작 거리며) 사실, 어디 취직이라도 해보려고 여기저기 지
원해봤는데, 내 25년은 경력은 그냥 쓰레기 조각이더라.
다 증명할 수 있는데 보험 기간이 없다는 이유로 어떤 경
력도 인정할 수 없다네. 웃기지? 사회적으로 내 인생 전
체를 부정당한 느낌이었어.

영 그건 니 잘못이 아니야. 프리랜서 예술가한테 건강 보험
득실 확인서에서 인정하는 기간만 경력으로 인정하겠다
는 건, 결국 프리랜서들은 꺼져라!! 안전빵으로 교수나
공무원들끼리 돌아가며 해 먹겠다는 거잖아. 현장도 모
르는 것들이 현장에서 뼈 꼴 빠지게 일 하는 사람들은 공
모사업으로 착취하고 지들은 책상머리에 앉아 편하게 성
과 내고 승진하고 그러겠다는 거지. 아니, 왜 예술가나
마을활동가들에게는 권리는 하나도 없고 의무만 있냐고!
도둑놈 새끼들.

공 25년간 내가 했던 작곡들. 편곡들, 기획들, 연출들, 교육
들, 이 모든 걸 다 증명할 수 있는데도 그 서류 하나로 사
회에서는 인정받을 수 없는 쓸모없는 경력이 돼버렸어.
화가 나! 너무 화가 나!

영 화만 나? 착하네. 난 살의를 느끼는데. 그 누구야, 강원도 어느지역 굿 국가지정 무형 문화재였던 분. 그 어느 대학 전임 교수하시던 분 말이야.

공 아!

영 그런 분도 얼마나 분하고 원통했으면 그 생떼같이 어린 자식을 두고 생을 접었겠냐. 아니, 무형 문화재로 지정받으신 분한테 석사 학위 없다는 이유로 하루아침에 해고 통보를 하면 그게 죽으라는 소리지.

공 얼마나 허탈하고 허무했으면.

영 혹시 그 무식한 것들 때문에 결국 4대째 계승돼 온 그 소중한 유산은 이제 계승자가 없어진 거 아니야? 아니 겨우 글 따위로 무술을 배운 것들이 몸으로 무술을 연마한 분한테 감히 뭐? 글로 배운 자격증이 없으니 꺼지라고? 그런 돼먹지 않은 경우가 어딨냐고! 씨발.

공 얼마나 허무했을까? 정말 마음이 다 파괴가 됐을 거야. 하긴, 그런 대단한 분도 그런 식으로 인생을 부정당하고 제거되는데, 나야 뭐. 그냥 실수로 밟아 죽은 개미 같은 존재인거지 뭐.

영 니가 뭐. 그리고 그것들한테 비단을 준들 알아는 보고? 동태 눈깔들, 그저 학위만 있으면.. 다 지들 관리하기 편할라고 그런 식으로 만든 거라고. 내용보다는 효율, 효율보다는 안전, 도전보다는 안주, 공공의 이익보다는 공무원의 편리. 에이 쌍!

영은 마치 무슨 좋은 생각이라도 난 듯이 의자를 거울 가까이 당겨 앉으며 신난 얼굴로 말한다.

영 야, 이렇게 아니라, 우리 그냥 가성비 좋은 멀티 플레이어 하자! 그냥 'B급 전문' 요런 식으로 컨셉을 잡고 아예 박리다매를 하는 거지. 대충 만들어 팔면서 돈이나 벌자! 어차피 쥐뿔도 모르는 막귀들이니까 포장만 잘해놓으면 뭐 좋은 건 줄 알고 환장을 하고 사갈걸? 니가 그동안 막귀들한테 너무 고퀄을 들려주려고 하니까 피곤해진 거라고. 파리한테 뭐하러 미사일을 쏘냐! 파리는 파리채로! 아! 왜 진작 이 생각을 못했지? 우리도 그놈들 이용해먹자! 어때?

몸을 깊이 숙여 귀 기울여 듣던 공은 의자에 기대며 크게 웃는다.

공 에이 씨. 야! 그게 됐으면 내가 이러고 사니? (답답하다는 듯이 하늘로 목을 쭉 빼며) 난 왜 잘하는 게 없지? 할 줄 아는 게 딴따라 짓뿐이 없어. 다른 일은 잘 하는 게 없어. 맨날 상처 받고 그러는데도 난 왜 이놈의 딴따라 짓을 계속 하고 싶을까?

영은 손사래를 치며 다시 가까이 다가와 마치 모략이라도 꾸미는 양 재밌어하며 이야기한다.

영   그러니까. 내가 뭐래. 딴따라는 죽어야 끝난다니까. 질병이야, 못 고쳐! 그러니까 어때? 좋은 생각 아니야? 음악도 모르는 무지렁이들 지갑 좀 털어보자 어? 진짜 쌈박하지 않냐?

공   (고개를 숙인 채로 저으며) 그렇게까지 망가지고 싶진 않아.

영   그게 왜 망가지는 거야? 자본주의에 적응하려는 노력이지. 사회 부적응자 예술가의 사회 적응 훈련.

공   싫어. 생각만 해도 너무 수치스러워. 안 하면 안 했지 어떻게 내 이름 걸고 나가는 작품을 대충 만들어? 형편이 안돼서 그러는 거야, 어쩔 수 없다지만..

영   헛! 넌 그럼 여태 형편 돼서 남들한테 아쉬운 소리 하고 통장 깨고 빚 까지 져 가며 그 짓을 한 거야?

공   뭐 그런 건 아니지만.

영 그래. 넌 지금도 그때도 형편은 계속 형편없었어! 정신 차려! 형편이 안되니까 하는 이야기 아니냐! 이 등신아.

공 …

영 아! 그래! 이름! 이름을 바꾸자! 이름 걸고 못하겠으면 아주 싼티나는 필명 하나 만들어서..

공 (말 끊으며) 아 됐어. 안 해!

영은 벌떡 일어나며 의자를 제자리에 던지듯이 놓고 난 후 공을 한심하다는 듯 바라보며 말한다.

영 텄네! 텄어. 돈 벌긴 글러 먹었어. 암튼 너무 불편한 성격 이야. 가리는 깃도 많고. 까다롭고 예민하고. 불안에, 집착에. 아주 진상계 그랜드 슬램 달성하세요!! 아후 짜증 나. 그러다 니 애살에 니가 치여 죽어. 뭔 말인지 알아들어? 좀 적당히 해!

영은 의자에 신경질적으로 앉는다.

4. '호모 사피엔스'의
멸종을 바라시나?

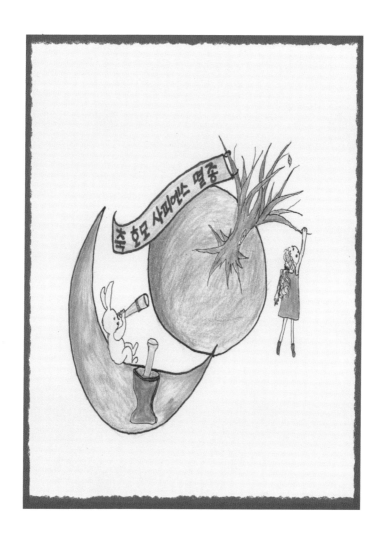

공 너무 그러지 마라. 나도 내가 짜증 나. 근데 어떻게 해. 이
   렇게 태어난걸. 요즘은 사람들도 만나기 싫어. 위로한답시
   고 다..

영 (말을 자르고) 넌 아직도 인간에 대한 기대가 있냐? 위로?
   위로 같은 소리 하고 있네. 넌 진심으로 남 위로한 적 있
   냐? 그냥 푸념을 털어놓으니 들어 준거지. 사실 다 듣기 싫
   어해. 아까 말했잖아. 그 사람들은 널 보는 것만으로도 짜
   증난다고고. 긴 병에 장사 없다니까.

공 죽어야 진심이라고 믿어주지, 그 전에는 그냥 징징거린다고
   하겠지. 그래 놓고 떠나면 그제야 지켜주지 못해서 미안하
   다는 둥 힘들면 말을 하지 그랬냐는 둥.. 그러면서 (사이)
   말하려고 할 땐 다 피했으면서.

영 (손톱 사이에 낀 때를 빼면서 시니컬하게) 하긴, 그 사람
   들 탓할 것도 없어. 넌 뭐 달라? 다들 그래. (사이) 그래도
   너랑 인연 안 끊고 있는 건 그만큼 니가 쓸모는 있다는 거
   지. 가까이하기엔 짜증이 나지만 또 버리자니 아깝거든. 너
   만큼 가성비 좋은 상품이 별로 없으니까. 언제 또 아쉬워지
   면 이용해먹어야 하니까, 적당한 관계는 유지하는 거지. 위
   로는 쥐뿔, 도대체 누가 누굴 위로한다는 거야? 호모 사피
   엔스의 하드웨어에는 그런 기능이 아예 없어요. (하던 짓을
   멈추고 공을 바라보며) 진심으로 너 잘 되길 바라고 걱정

해주는 건 엄마, 아빠뿐이 없어. 오직 부모만 진심이야.

공 남은 게 아무것도 없네. 사람도, 일도, 가족의 행복도, 나
   자신도..

영 뭐 어때? 내가 늘 말하잖아. 인생, 원래 독고다이야. 다 자
   기만족으로 사는 거지. 뭐하러 남의 만족까지 생각하며 살
   아. 그러니 이 꼴 나지.

공 내가 다 망쳐놨어. 너무 부끄럽고 수치스러워. 내가 용서가
   안 돼. 정말 어디로든 숨고 싶어.

영 미친. 야 코로나 확진자 동선 파악하는 거 봐라. 요즘 같은
   세상에 숨긴 어딜 숨어. 그냥 죽어야 끝나는 거지.

공 그럼 죽어?

영 죽을 용기는 있고?

공 (풀 죽은 목소리로) 없으니까 이러고 살지.

영 그럼 살 궁리를 해야지

공 해 봤지. 내가 알바천국에 원서를 몇 개나 넣은 줄 알아?
   근데 날 뽑아주는 데가 없더라. 나이는 많고 경력은 없고,
   그러니 빵집, 아이스크림 집, 공장, 택배, 주방 설거지 아줌
   마로도 날 필요로 하는 곳이 없더라.

영 너 그런 일 하는 사람들 무시하냐? 그건 쉬운 일인 줄 알
   아? 지 하던 것도 애매하게 하는 주제에 뭘 딴 일을 하겠다
   고 지랄이야. 잘 하지도 못하면서! 야 괜히 남의 밥그릇 넘

보지 마.

공   그래도 뭐리도 해서 돈을 벌어야지. 이 짐을 어떻게 남편 혼자 다 지게 해. 입시생 딸이 있고, 대학생 아들이 있는데 뭐라도 해야 할 거 아니야.

영   그럼 차라리 레슨을 다시 해 봐.

공   그건 싫어.

영   이것 봐! 절박하지 않은 거라니까.

공   또 나 같은 애들을 만들고 싶지 않아서 그래.

영   포장하지 마! 야 너도 지금 말하고 엄청 쪽팔리지?

공   …

영   그건 핑계고, 쪽팔린 거지. 편의점 알바를 하면 했지. 너보다 어린 엄마들한테 굽신거리면서 레슨 하기는 싫다는 거잖아.

공   (한숨을 꺼지게 쉰다)

영   아직 정신 못 차렸네. 돈 버는 방법을 알려줘도 싫어, 레슨도 싫어, 결국 지금처럼 어떻게든 니 남편한테 기생해서 삐대 보겠다는 건데. 아주 못돼 처먹었구만.

공   그런 건 아니야.

영   뭘 아니래? 원래 호모 사피엔스는 다 이기적이야.

공   넌 뭐 인간하고 원수 졌니? 뭘 뻑하면 호모 사피엔스 타령이야.

영 이래서 배움이 필요한 거야. 하긴 학습 효과 없는 애들은 배워도 소용없지, 여기 산 증인 계시네. 계속 도망을 쳐도 평생 호구 업계를 못 떠나시는.

공 정말 죽어야 끝나는 걸까? 어차피 존재감도 없는 삶인데 꾸역꾸역 사는 꼬라지가 좀.. 역겹고.. 지쳐. 짐승 같아. 인간의 존엄성이라고는 하나도 남지 않은 그런.

영 이것 봐. 딱 호모 사피엔스라니까. 지 편하자고 남은 사람들 생각 안 하잖아? 게다가 예술을 하네. 예민하고 민감하고 타협도 안 되는 졸라 불편한 성격까지. 참내 야! 예술하는 게 무슨 벼슬이야? 그냥 직업이야. 뭐, 대단한 거 하는 것처럼 재수 없게! (사이) 참, 니 몸을 구성하는 모든 원자와 원소, 걔들이 고생이 참 많다. 뒈지고 싶어 환장한 년, 생명 유지해주느라.

공이 피식 웃는다.

영 야! 웃을 일이 아니야. 죽는 건 뭐, 쉬운 일인 줄 알아? 죽는 것도 팔자 좋은 것들에게 주어진 특권이야. 너처럼 애당초 꼬인 팔자는 엉뚱하게 죽으려고 뻘짓 하다가 평생 병원에서 호스 끼고 가족들 넌덜 머리 날 정도로 더럽게 오래 살다가 죽기 십상이야. 그러니까 정신 차리고 그냥 꾸역

구역 살라고. 인생 별거 없다며. 별거 아닌 인생 대충 살아. 열심히 살려고 하니까 힘들지. 그리고 누군가 너에게 손 내밀어 줄 거라는 그런 헛 된 기대도 하지 말고. 그냥 니 능력껏 살아. 어쨌든 이용당하는 것보다는 사용당하는 쪽이 백번 나은 거니까. 예술가가 별거야? 지 가진 재주 가지고 먹고살면 예술가인 거지.

공 자기 작품에 책임을 지는 게 예술가지.

영 야! 예술가들이 다들 그러고 사는 것 같지? 안 그래. 왜 쪼다같이 너만 맨날 책임을 져. 어떻게 넌 매번 그렇게 인간에게 기대를 거야. 인생 산전수전 다 겪은 년이.

공 기대라기보다는 의지를 하는 거지. 인간들은 원래 그러고 살아. 서로 모자란 부분을 채워주면서..

영 너만 맨날 채워주는 게 문제라고! 이 정신빠진 호구년아! 널 사용하는 놈들은 널 돼지 등뼈 발골하듯 쏙쏙 빼먹는데. 야! 너 같은 호구들을 위하여 시리아 법학자 '이븐 타이마야'님께서 이런 명언을 남기셨지. "어두운 시절에 남이 내 곁을 지켜줄 거라 생각하지 말라. 해가 지면 심지어 내 그림자도 나를 버리기 마련이다"

공 (잠시 침묵) 씨발. 나보다 잘난 것들은 다 죽었으면 좋겠어.

영은 놀라며 여기저기를 뒤지며 무언가를 찾는다

영 너 술 마셨냐? 뭘 이렇게 솔직해. 매력 쩌는구만! 어? 아니지. 아니지. (놀라는 듯 입을 막으며) 헐! 얘 좀 봐라!

공 왜? 뭐?

영 그런 큰 그림을?

공 (황당하다는 듯)어?

영 와! 이거 완전 간장종지인 줄 알았더만, 알고보니 야심가였네. 그런 원대한 꿈을 꾸다니. 넌 진짜 클래스가 다르구나! 야. 내가 몰라봤다! 진짜 리스펙! (엄지 척)

공 뭐래?

공의 손을 잡고 흔들며 머리를 조아리는 등 호들갑을 떤다.

영 아! 아까 AI 어쩌고 저쩌고 할 때부터 얘 뭐 있구나 싶었었는데. 야! 진심으로 도울게. 해보자!

공 왜 이래?

영 호모 사피엔스의 멸종을 꿈꾸다니. 와 진짜 존 멋!! 당신이 윈! 진정한 위너! 야! 하자. 아주 다 씨를 말려버리자. 알고보니 애가 아주 그릇이 커.

공 야! 내가 언제! 내가 뭐라 했다고..

영 왜! 너보다 잘난 것들은 다 죽었으면 좋겠다며? 그게 호모 사피엔스의 멸종이 아니고 뭐야!

공 참내. 하하, 차라리 두 번 죽여라. 진짜 빅엿을 먹이네,

영 야. 꿈은 이루어져. ㅍ기하지 마.

공 그만해. 그냥 해본 소리야. 하도 답답해서.

영 왜 이래. 오늘 종일 본 모습 중 가장 매력 터졌는데. 어차피 인간은 지구에 나타난 독이라니까! 사피엔스 멸종을 위한 일이라면 내 기꺼이 돕는다! 아니지 적극 가담한다!

공 알았어, 알았어. 미안해. 잘못했어. 내가 미쳤었나 봐. 실언을 했어. 하하하하하!

공 아니 왜?

영 이제 그만! Stop!

공과 영은 큰 소리로 웃으며 서로를 쳐다본다.

영 (한 숨 돌리고) 좀 쉬어. 원래 도망자들이 전력 질주한다고. 여기저기 도망 다니느라 너무 진이 빠져서 지친거야. 쉬면서 앞으로 뭘 할지 생각해 봐. 가능하면 도망 말고 니가 정말 원하는 걸 찾아서 정면 대결하면 좋겠지만 뭐. 또 도망을 친대도 괜찮아. 일단 지금은 그냥 좀 쉬어.

공 이제 그만하고 싶어.

영 그래, 진짜 똥 참을 수 있겠거든 해 봐. (사이) 아니다! 그래, 이번 기회에 똥을 한번 참아보자. 예술 때려치우

고. 돈이나 벌어보자고. 편의점 알바를 하더라도 지금보다는 나을 거야. 적어도 시급은 주니까. 땀 흘린 만큼 보상받는 아름다운 자본주의 얼마나 좋아. 예술가들만 이놈의 자본주의 혜택을 못 누리고 산다니까! 그리고 맨날 거지 적선 하듯이 부리는 애들한테는 너도 똑같이 개, 돼지로 대해! 일방적으로 당하지 말고, 쌍방으로다! 그런 게 진정한 공정이지. 공정한 사회. 서로를 개, 돼지로 생각하면서 겉으로는 신뢰하는 척 적당히 속아주고 적당히 이용하면서 적당히 나눠 먹기 하는 졸라 공정한 사회.

공은 고개를 푹 숙인 채 웃는다.

영 야! 그럴 게 아니라 이 기회에 호모 사피엔스의 멸종에 대한 소설 하나 써 봐라. 세상엔 너 같은 인간 혐오자들이 많거든. 드러내지 않을 뿐이지. 곳곳에 암약해있지. 그런 애들이 보면 환장할 그런 걸 한번 써봐. 그럼 금방 베스트셀러 된다. 아우 금방 돈방석에 앉겠네.

공은 고개를 들어 신나는 얼굴로 영을 바라본다.

공 그럴까? 진짜 한번 써 봐? 시간도 많은데.

영 (허탈하다는 듯 공을 외면하며) 이봐, 이 봐. 차라리 개
가 똥을 끊지. 니가 딴따라 짓을 끊어? 야, 진짜.. (몸을
돌려 공과 눈을 마주치며) 뭐야? 너 이 눈 뭐야? 이봐, 이
봐! 이거 눈 반짝이는 거 봐. 내내 썩은 동태 눈깔을 하고
있더니만, 햐! 진정한 딴따라 나셨네. 참 어떤 면에선 존
경스럽다. 그냥 해라, 넌 그냥 해야겠다. 뭐, 알바라도 하
면서 하면 되지 뭐. 그걸 참으면 입으로 똥을 쌀 텐데.

영은 팔짱을 끼며 공을 측은하게 바라본다.

영 30년을 그렇게 열나게 도망 다녀도 늘 제자리인 건 다 이
유가 있는 거야. 해! 그냥.

영은 차분하게 자리에 앉는다.
공은 고개를 숙인 채로 실없는 웃음만 흘린다.

5.'따따라' 면역력의
사이토카인 폭풍 증후군

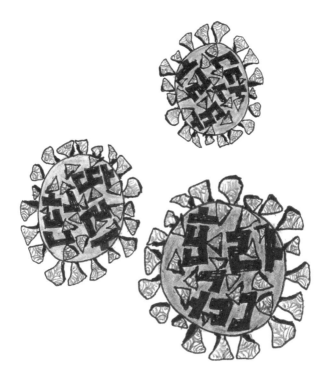

영 있지, 인생 뜻대로 안 되는 게, 수두룩 백백인데 그중에 정
말 때려죽여도 지 맘대로 안 되는 게 몇 개 있거든? 일단
첫 번째는 부모님, 이건 뭐 그야말로 랜덤이니까. 그럼, 그
다음은 뭘까?

공 남편?

영 남편이 랜덤이냐? 선택이지? 멍청한 소리를 하고 있어. (자세를 바꿔 앉으며) 자식! 자식새끼. 이 자식이란 게, 진짜 내 맘대로 될 것 같으면서도 절대로 안 되거든. 토끼로 태어난 놈을 부모가 작정하고 날고기 주고 막! 어! 그러면 사자로 만들 수 있을 것 같지만 그게 절대 안 돼. 태어나길 토끼로 태어난 놈을 풀 먹여 키워야지, 사자 되라고 날고기 먹이고 그러면 대번에 시름시름 앓다가 뒤져. 그래서 어려워. 할 수 있을 거 같은데, 안 되거든. 희망 고문인 거지.

공 그렇더라, 진짜.

영 그래. 그래도 넌 포기가 빨라서 애들이 그냥 지 난대로 잘 컸어. 그거 하난 잘했네. 도망의 선한 효과? 그럼 남은 마지막, 이게 작정하고 덤비면 사람을 완전 환장하게 만들지.

공은 고개를 들어 영을 본다.

영 바로 '딴따라 바이러스'

공 딴따라...

영 어! 아니다 아니다. 바이러스는 외부 침입자니까, 면역 세포, 그래, 면역 세포라고 하자. 그럼 봐 봐. 이건 니가 죽이고 싶다고 죽일 수도 없어. 니 몸 안의 세포를 니가 어떻게 죽여? 그냥 끼고 사는 거지. 공생관계라 그게 죽으면 너도 죽는데. 안 그래?

공 면역력이면 날 지켜야지. 왜 이렇게 괴롭히냐. 사람 미치게.

영 넌 요즘 뉴스도 안 보냐? 면역력이란 것들이 보통 때는 외부의 침입을 막아 주다가도 지가 너무 약해졌다고 느끼거나 아님 생존의 위협을 느껴서 겁나 쫄았거나, 그러면 지가 막 지를 부풀린다고. 그럼 이것들이 막! 적인지 아군인지 구별 못하고 다짜고짜 막 죽자고 덤비는 거야. 그래서 멀쩡했던 애들까지 다 오염시키고. 그래서 결국은 그 염증으로 자멸하게 만드는, 그게 바로 사이토카인 폭풍 증후군이라는 거거든?

공은 가만히 듣고 있다.

영 내가 보기엔 넌 지금 딱 그 상태인 거야. 하고 싶은 마음에 비해 늘 모자란다고 느끼는 그 애매한 재능과 계속 박탈되는 기회들, 예술가나 마을활동가들을 대하는 사람들과의 태도와 시스템의 부조리함에 대한 분노가 이 니 면역력을 과다하게 키운 거지. 게다가 그동안 니가 해왔던 모든 세월의 노력과 경력이 다 부정당하니 억울하고 원통하고. 그래서 니 딴따라 면역력 세포들이 더 열심히 존나게 똘똘 뭉

쳐서 사이토카인 폭풍 증후군으로 성장한 거지. 잘못된 업
그레이드. 그레시 이것들이 막 아무데나 아무렇게나 난사
를 하는 거지. 닥치는 대로 막, 그냥 어! 막! 잡히는 대로
마구마구. 그야말로 번 아웃 상태.

공 그럴듯하네. (피식 웃다가) 조급해져. 여기저기 아프고 하나
씩 기능이 소실되어가니까 결국 아무것도 못 해보고 내 인
생이 이렇게 끝나 버리나? 그런 생각도 들고.

영 늦게 깨달은 대가야. 어렸을 때, 니 인생에 진지하지 못했던
대가를 치르는 거니까. 너무 원통해하지는 말고.

공 너무 후회돼. 모든 게, 다!

영 야! 후회할 시간 없어! 몸 꼬라지 보니 뭐, 천수를 누리기도
글러 보이는데. 그 금쪽같은 시간에 후회나 하고 있으면 어
떡하냐! 이 와중에도 니 몸속 딴따라 세포들이 계속 널 찔
러대니 어쩌겠냐! 별수 없어. 그냥 계속 두드려. 계속! 될 때
까지! (사이) 아니 근데 그동안 그걸 어떻게 참고 살았어?

공 참고 산 건 아니고. 각성이 된 거지. 사실 결혼하고 애 키우
고 그렇게 사는 방법뿐이 몰랐으니까. 뭘 어떻게 해야 하는
지도 몰랐고.

영 경력단절이 문제구만.

공 혼자서 그냥 음악을 가지고 놀고 낙서를 하고 그러면서 그
냥 살아지는 대로 살다가 내가 만든 무언가가 세상 밖으로

나오는 경험을 하고 나니까 각성이 된 거야. 그러니까 더 결핍이 심해진 거고. 그냥 편곡하고 레슨하고 그럴 땐 몰랐지. 늦바람이 무섭다고.. 이게 상상만 하던 것들이 무대에 펼쳐지고 누군가를 통해 불려지고 하니까 정말 좋아서 미치겠더라고.

영 암, 미치지. 돌지. 야 아직 늦지 않았어. 그냥 해! 한 만 시간 정도? 그래도 안 되면 어쩔 수 없는 거고.

공 만 시간..

영 니가 뮤지컬을 시작한 지 이제 겨우 6년이야. 니가 전공을 한 것도 아니고, 넌 뮤지컬을 위해서 아직 만시간도 쓰지 못했어. 나이 많은 게 무슨 벼슬이야? 나이 많으니까 빨리 성공해야 해? 그런 거 아니잖아. 그럼, 방법이 없어. 그냥 계속 대가리 들이밀고 해 보는 거지. 단 다른 경제적 활동을 하면서

공 누가 성공하고 싶대? 그냥 상식선에서라도 배우들 대우해 줄 수 있고, 고생하는 스태프들 임금 정당하게 줄 수 있는 환경에서 공연 한번 해 보겠다는 게 그렇게 욕심인가? 부조리하잖아. 그걸 바로 잡고 싶은 게 욕심이야?

영 욕심이지. 그거 진짜 졸라 어려운 거야. 할 수 있는 환경이 돼도 안 하는 놈들이 태반이고 대부분 할 수 없는 환경이라 어쩔 수 없이 그렇게 서로 품앗이하면서 모두가 고통받

는 거지. 서로가 서로의 행위에 취해서 하면 할수록 서로 고통받는 것도 모르고, 암튼 그게 중요한 건 아니니까. 봐! 실제로 그렇게 하는 사람 있냐? 그런 면에서 내가 봉준호 감독을 존경하는 거야. 딴따라들도 그런 근로 환경에서 일할 수 있다는 희망을 보여줘서.

공 그러네. (피식 웃으며) 내가 너무 큰 성공을 꿈꿨네.

영 지금 할 수 있는 걸 생각해. 소소하지만 지금 당장 할 수 있는 거. 지금처럼 책 쓰는 것도 좋고. (사이) 부조리함에 맞서 싸울 용기도 없고 입 다물고 가만히 있을 인내심도 없으면 지금처럼 sns에다가 궁시렁이라도 거려. 혹시 아냐? 그게 또 불쏘시개가 될지. 이번 생은 암만해도 불쏘시개의 삶, 아니면 호구 이 양자 간에 택일해야 할 듯하다.

공 (말없이 자기 손을 보면서 작은 목소리로) 아무도 보여줄 수 없는 글을 쓰고, 아무도 들려줄 수 없는 노래를 만들고, 무대에 올리지도 못할 공연을 상상하는 게 얼마나 지옥인지 모르지? 근데 멈춰지지가 않아.

영 에이씨, 그건 죽어야 끝난다니까. 안 끝나. 그냥 해! 아무도 보여줄 수 없는 글이면 어때? 아무도 안 보니까 막 지껄여. 아무도 들려줄 수 없으면 어때. 그냥 막 써. 혹시 알아? 언젠가 들려줄 날이 올지? 인생 모르는 거다. 쪽팔려서 벽장 속에다 꾸깃꾸깃 숨겨놓은 악보가 발견돼서 주구장창 사랑받는 명곡으로 거듭나는 기적도 있잖아?

공 엘리제를 위하여?

영 입장을 바꿔 생각 해봐라. 어? 베토벤 입장에서 생각해 보면 그거 사실 엄청 쪽팔릴 거라고. 모르긴 몰라도 무덤 속에 누워서 아 씨발! 그때 태워버렸어야 했는데' 그러고 있을 수도 있어. 안 그래? 지한테는 졸라 쪽팔린 스토리가 있는 작품인데. 흑역사.

공 (웃으며 고개를 끄덕인다)

영 내가 보기엔 예술은 결국 발견되는 거더라. 천재라고 하는 애들도 너랑 똑같이 나 같은 애 하나씩 끼고 살면서 지지고 볶으면서 살아. 하긴 뭘 제대로 해봤어야지 알지. 재능이 없는지 있는지.

공 그러게. 그런 거 알아? 커다란 들통에 가득 끓여놓은 곰탕을 티스푼으로 떠서 국그릇에 담는 것 같은 그 뭐랄까. 초조함? 답답함? 아무리 열심히 해도 국이 줄지 않는 기분.

영 오우, 비유..

공 하고 싶은 일에 집중을 할라치면 해야 하는 일들 때문에 죄책감이 생기고, 해야 하는 일에 집중해서 살다 보면 하고 싶은 일은 자꾸 뒤로 미루게 돼. 그럴 때면 살아있는 것 같지가 않아. 숨은 쉬는데 살아있는 느낌이 없어.

영 어떻게 하냐. 그냥 그렇게 태어난 걸. 잘하든 못하든 넌 뭘 만들어서 살아야 하는 딴따라로 태어난 거라고. 지금 당장이 아니면 어때. 믹 여기저기 두드리면 가랑비에 옷 젖는다고 뭐라도 할 수 있는 기회가 올 거라고. 그러니까 그때까진 어떻게든 살아. 살아남으라고. 아니다. 그냥 죽지 말고 살아만 있어. 고독을 즐기며 버텨.

공 (자조적으로 웃으며) 버틸 거야. 다른 방법을 모르니까. 근데 뭐 좋다고 고독을 즐기냐? 그게 즐겨지냐?

영 왜 못 즐겨? 물론 진짜 외로우면 고독을 못 즐기지. 근데 솔직히 니가 뭐 그렇게 외롭진 않잖아? 널 좋아하는 사람들이 쫌 있고, 니가 좋아하는 사람들도 쫌 있고, 일방통행 가능한 sns도 있고. 그만하면 고독도 즐길 수 있어. 가끔 외롭고 좀 괴로워도 낭만적이잖아? 즐겨. 차라리 고독한 게 나아. 아무것도 되는 일이 없을 때는 아무것도 하지 마. 혹시 알아? 너네 하느님께서 주신 간만의 휴식? 뭐 그런 걸지? 그러니까 휴식을 즐겨. 되는 일 없다고 안달 내고 사방에다 지랄하지 말고.

공 너무 지쳐서 뭘 할 기운도 없어.

영 누가 아냐? 너네 하느님, 그 양반이 "나의 어린양, 그간 정말 쉴 새 없이 졸라게 바쁘게 살았으니 골병들어 뒤지기 전에 잠깐 쉬어라." 요러면서 주신 꿀 휴식일 지도.

6.좋아하는 마음만큼
재능도 주셨어야죠.

침묵 속에서 자신의 발끝만 바라보고 있는 공에게 영이 말을 건다.

영 하나만 묻자. 누가 너한테 모든 것을 뺏어가도 좋으니 딱 하나 가지고 싶은게 뭐냐? 그러면 뭘 받을래?

공 음...노래?

영 햐.... 노래라. 그건 정말 다시 태어나야 하는데.. 하느님이 잘못하셨네. 너 같은 관종한테..

공 그러니까, 나 같은 관종한테 이게 무슨 천하에.. 에휴, 아니다.

영 하긴, 노래 부르고 싶은 놈한테 노래 만드는 재주만 주고 무대에 서고 싶은 놈한테 무대 공포증을 주고, 인정받고 싶은 놈한테 아무거로도 자기를 증명할 수 없다고 사회적 사형선고를 내린 거니 죽고 싶긴 하겠다. 이건 뭐 식탐있는 애에게 알레르기를 동시 준 꼴이니. 가혹하네.

공 그것도 가혹해.

영 뭐?

공 알레르기.

영 아..

공 진짜 너무.. (사이) 아니 이럴 거면 아예 좋아하는 마음도 주지 말았어야 되는 거 아니야?

영 그러게 말이다. 온몸을 딴따라로 설계를 해놓고 그걸 구현할 능력을 안 주시면 어떻게 하냐고. 그럼 만든 걸로 대리만족이라도 좀 해볼 수 있게 기회라도 주시던가. (사이) 그것도 아니면 끼나 흥이라도 좀 많이 주던가. 애를 이렇게 매사 진지하게 만들어 놔 가지고 말이야, 뻑하면 자기 성찰에 우울증이니...

공 하느님이 무슨 죄야. 그냥 내가 너무 지쳐서 그래. 몸뚱이는 알레르기에게 지배당하고 정신은 패배주의에 지배당하고.

영 신의 가혹 행위에 던진 승부수가 겨우 자학이야?

공 ...

영 그냥 걸어. 다 늙어빠진 게 자꾸 뛰니까 문제가 생기잖아. 천천히 걸어. 소 새끼처럼 묵묵하게. 숨만 쉬는 것보다야 운동 삼아라도 걷는 게 낫지. 어차피 인생은 운칠복삼이야.

공 운칠기삼. 운이 칠 재주가 삼

영 아니라니까! 운칠복삼! 운이 칠 복이 삼. 노력? 재주? 그건 0.1? 결국 운도 있고 복도 들어와야 성공을 하는 건데, 그건 정말 아주 팔자가 좋은 놈들에게나 있는 일이고 너처럼 애당초 팔자가 '노력한 만큼만 얻어진다.' 이러면, 별수 없어. 그냥 소 새끼처럼 걸어야지. 꾸역꾸역 꾸준하게. 그래야 지나가며 풀이라도 뜯어먹고 살지. 이미 이번 생은 팔자 도움받긴 글렀으니 그냥 할 수 있는 만큼만 해.

공 진짜 잔인하고 가혹하다.

영 그래도 그게 현실이면 받아들여야시, 어떻게 해. 죽을 용기도 없는 년이 그렇게라도 살아야지.

공 생각해보면... 운이라기보다는 다 내 선택이었어.

영 아... 그렇지, 이쯤에서 또 돌아가 줘야지, 무한반복을 무한도전하네! 완전 블랙홀이구만. (사이) 진심으로 딱 하나만 묻자.

공 아까 물어봤잖아.

영 그거 말고, (사이) 지금 신이 니 앞에 있어. 그럼 넌 무슨 말을 하고 싶냐?

공 음..... 일단 멱살을 잡고,

영 하이구야.

공 끝까지 들어봐봐. 음.. 일단 멱살을 잡고, 이럴 거면 왜 좋아하는 마음을 주냐! 차라리 좋아하는 마음도 가져가 버려! 더럽고, 치사해서 안 받아.

영 야! 야! 야! 이 한심한, 넌 그래서 안 되는 거야. 내가 어! 너 멱살 잡는다고 할 때부터 감이 딱 오더만!

공 뭐! 어때서? 새를 꿈꾸는 뿌리 깊은 나무를 만들어 났으니 분풀이라도 해야지.

영 그래, 니 호연지기는 가상하다만, 니가 왜 맨날 제자리 걸음을 하는지 알 것 같다. 이건 걸으랬더니 앞으로 안 걷고 제자리걸음에 빽 도까지 에라이.. (사이) 자! 들어 봐. 일단 엎드려. 무조건 엎드리고 시작을 해. 그다음에 눈가에 눈물 촉촉하게 어! 그리고 무조건 허벅지를 딱 붙들어. 그 다음에 세상 불쌍한 눈을 하고, 알지? 불쌍한 고양이 눈! 봐봐! 이렇게. (표정을 지어 보인다.) 그리고 "저 좀 살려주세요. 제발 좋아하는 만큼 재능을 주세요. 이러다 저 죽어요." 이렇게 절실하게 눈물 뚝뚝 흘려가며 최대한 불쌍한 얼굴로.

공 아..

영 아니다. 그러기엔 이미 너무 시간이 없다. 니가 이미 너무 늦었어. 음. 그러면, 음 그래! 시간이 없으니까 다이렉트로 가자. 봐봐! "사랑의 하느님. 저에게 돈벼락을 내려주세요" (익살스럽게) 어때? 이게 좋네. 이걸로 가자. 어차피 '기승전돈' 이니까 돈 있으면 다 할 수 있어.

공 됐다. 하느님이 무슨 소원 성취 자판기냐?

영 뭐 어때, 씨발! 애를 이렇게 하자투성이로 만들었으면 A/S를 좀 해줘야지. 당연한 권리야. 그리고 돈이 있어야 뭐라도 해볼 거 아니야. 돈 있으면 재능 없어도 할 수 있어. 멀티플레이어 안 하고 음악만 하면서, 얼마나 좋아. 재능도 다 돈 주고 사버려. 잘 하지도 못하는 서류 끼고 앉아 궁상떨지 말고 다 돈주고 시키는 거야. 그리고 니가 그렇게 애끼는 니 새끼들 회사로 불러들여서 평생 떵떵 거리며 살 수 있게. 어? 어때? 그리고 돈 있어봐! 공무원 앞에서 비굴하지 않고 당당해져도 돼. 돈줄이라고 생각하니까 맨날 허리 구부정하게 비굴하게.

공은 웃는다.

영 웃기냐? 야, 이 미련한 소 새끼야. 뭔가를 얻어낼 생각을 해야지. 그 겨우 새 오줌만큼 있는 것까지 가져가라고 하냐! 욕을 구만 년 동안 처먹어도 시원찮을.. 야 그 미련 곰탱이도 알랑방귀 뀌어서 쑥이랑 마늘이랑 얻어 처먹고 인간 되서 단군을 낳은 거 아니야! 어떻게 곰도 하는 짓을 못 해.

공 그런가? 그럼 다시 할까? 그래. 다시 하자!

영 됐어! 끝났어.

공 아니, 한 번만 더!! 잘할 수 있어. 도전!!

영 도전 같은 소리 하고 있네. 꺼져. 들어갈 거야.

공 도전! 도전한다니까!!

영 (무대에서 퇴장하며) 시끄러!!

공 (나가는 영을 보며) 가? 진짜 가?

영 (돌아보지 않고 나가면서) 가지! 그럼 뭐! 간다.

공은 의자에서 일어나서 웃으며 영을 잡아보려 하지만 영은 이내 거울 안쪽으로 사라진다. 공은 영이 나간 쪽을 웃음기 없는 얼굴로 바라보다가 피식 웃는다.

공 웃겨서 웃겠니? 그냥... 웃어야 살 수 있어서 웃는 거야. 살다 보면 그럴 때도 있는 거야. 이 등신아.

공은 의자에 앉아 거울을 말없이 오랫동안 쳐다보다가 의자에서 일어나 주섬주섬 옷을 챙겨 다시 거울 앞으로 가서 작은 목소리로 말한다.

공 기왕 좋아하는 마음을 주실 거면 그 마음만큼 재능도 좀 주셨어야죠. 네? (한숨을 내쉰다.)

공은 한숨을 쉬고 거울을 한참 동안 바라보다가 무대 밖으로 나간다.

조명 암전 된다.

Epiologue.
나의 우주에도
별이 빛나고 있었네...

무대는 공의 차 안이다. 자동차는 각자의 거울 앞에 있던 의자를 나란히 놓아 표현한다. 공은 운진대에 앉아서 혼자서 눈물을 흘린다. 그때 갑자기 영이 차 안으로 들어온다. 울고 있는 공을 보고 모른척 무심하게 핸드폰의 플레이 리스트를 올려보다가 음악을 튼다. 스피커에서 생상스의 동물의 사육제가 흘러나온다. 공은 영을 쳐다보지 않고 엄지손으로 눈을 꾹 누르며 눈물을 닦는다.

영 좋아?

공 (고개를 끄덕인다)

영 나도 좋더라. 음악 좋지?

공 (고개를 끄덕인다)

영 근데 뭘 그렇게 울어 싸.

공 ...

영 뭐 말하기 싫음 말고.

공 ...아빠 말이야. 피아노 위 아빠 사진 속의 아빠는 되게 건강해 보이더라. 근데 피아노에 비치는 아빠는 몸이 구부정해서, 그냥 그게 슬프더라.

영 뭘 슬퍼. 건강하신데. 너보다 오래 사시겠던데 뭐! 건강하셔. 걱정마.

공 아니, 그냥 구부정한 아빠가 좀 낯설어서.

영   하고 싶은 것도 많고, 욕심도 많고, 손도 많이 가는 자식새
     끼 키우느라.. 그 구부정한 허리엔 니 지분이 꽤 되지.

공   그렇겠지.

영   하긴, 자식이 부모 고생한 거 알고 부모 마음 헤아리면 그
     게 자식이냐? 부모지. 자식들은 원래. 그래 때려죽여도 몰
     라. 다시 자식으로 환생해도 몰라. 지들이 부모가 돼도 지
     부모 마음은 모르지. 지 새끼한테 서운한 건 있어도 지가
     부모 서운하게 했다는 생각은 못하는 게 자식새끼야. 내리
     사랑, 그게 되게 무서운 거다.

     차가 멈추고 시동이 꺼진다

영   다 왔어. 내려.

     공과 영은 차에서 내리고 조명은 공과 영의 동선을 따라가
     며 길을 만든다. 걸어가면서 공과 영은 대화한다.
     공과 영이 차로 사용한 의자를 각자 들고 들어간다.

공   엄마가 "우리 금지옥엽 이쁜 딸, 제일 이쁜 잔에다 커피 줘
     야지." 하더라.

영   (몸을 떨며) 안 오글거리던?

공 (고개 끄덕이고) 나 엄마 앞에서 울 뻔했어.

영 아서라. 너 그러고 나면 니 엄마 10년은 늙는다. 걱정한다고 여기저기 전화해서 물어보고, 그럼 또 파국이야.

공 (미소 지으며) 안 울었어.

영 잘했네. 근데 니가 그렇게 질색팔색 하는 그 오글거리는 말에 눈물이 나던?

공 (헛웃음) 그러게. 그러데.

영 갱년기네. 석류를 먹어.

공 마음이 이상해.

영 뭐가 이상해. 다 호르몬이 시키는 짓이야. 일명 '철들몬'이라고, 철들라고 생기는 호르몬이 갱년기라더라.

공 말 되네. 지금도 아빠 사진이랑, 엄마가 준 커피잔 생각하니까 눈물 날 것 같아. (사이)

영 갱년기 맞네.

공 아직 날 사랑해주는 사람이 있다는 걸 확인한 것 같아서 좋더라. 맨날 변두리에서 남의 그림자로만 살지만, 엄마 아빠 인생에선 확실한 주인공인 것 같아서.. (사이) 좋더라. 이 나이에도 이쁘다고 해주니 좋고, 귀하다고 해주니 눈물 나고, 그렇더라.

공과 영은 집에 도착해서 문을 열고 들어간다. 문을 열고 들어가는 동시에 무대가 암전 된다.

공의 공간은 공이 불을 켜는 순간 조명이 켜진다. 영의 공간은 아직 어둡다. 공은 설거지통을 한번 보고 옷을 의자에 걸고 거울 앞으로 가서 앉는다. 영의 의자에도 조명이 켜지면 영도 거울 앞으로 와서 앉는다.

영　버림받을까 봐 겁나?

공　응?

영　버림받을까 봐 겁나냐고?

공　왜? 그래 보여?

영　뭐 좀. 안 하던 설거지에 집착하는 것도 좀 이상해 보이고.

공　이상하긴. 근데 이거라도 안 하면 난 여기서도 쓸모없는 존재가 될 것 같아서. 그런 마음이 들긴 해. 근데 엄마 아빠 보고 지금 한바탕 울고 나니까 좀 나아졌어. 덜 불안해. "아! 나를 주인공으로 생각해주는 가족이 있었지. 아직 내 우주가 남아 있구나." 하는 안도감?

영　너도 참 니 팔자를 어지간히도 볶는다. (고개를 절레절레 흔들다 멈추고) 근데 설거지는 계속해라. 깨끗하니 좋더라.

공　왜 갑자기 책을 왜 써보라고 한 걸까?

영　21년을 살았다. 그럼 모르겠냐? 다 시들어가는 화분에 물

준 거야. 뭘 해야 다시 살고 싶어 지고 반짝거리는지 아는 사람이니까.. 그 소 같은 놈이 말을 안 해 그렇지, 눈치는 있다고.

공 고맙네.

영 니 남편이 너 말고 속 썩을 일이 뭐가 있냐? 아들놈은 지가 알아서 공부해 대학 가고, 딸래미 지가 알아서 지 꿈 찾아 가고, 너만 정신 차리면 된다니까, 이 집에선!

공 그러게 애들이 갑자기 어른이 돼 버렸어. 내가 모르는 사이에. 언제 저렇게 컸나 싶어. 그동안 남편 혼자 홀애비 처럼 고생하며 키웠구나. 생각하면.. 너무 염치없고 그래.

영 그렇지. 고맙고 짠하지. 근데, 너도 배 아파 낳고, 잠 못 자 가며 병간호하고, 어쨌든 할 고생, 할 만큼 하면서 키웠어. 물론 돈 버느라 고생했지. 집에서 잔소리 안 하고 잘 참아 준 것도 고맙고, 그래도 제때제때 안 해서 그렇지, 결국 니 가 다 했어. 결국 지가 다 해놓고 왜 저러나 몰라. 그러니까 집구석에서라도 눈치 좀 그만 봐. 안 버린다잖아.

공 그러게. 그냥 뭐, 자격지심이지.

영 남들이 들으면 오해해.

공 뭘?

영 니가 자꾸 눈치 보고 그러면 니 남편이 너 구박하는 거 같 잖아. 그놈이 그럴 놈이냐? 소 새끼 눈을 해가지고는 뻐끔

뻐끔 거리면서 힘들어도 내색 한 번을 안 하는,

공   (말 중간에 끼어들며) 난 맨날 나만 억울하다고 생각했었는
     데 그게 아니었더라고.

영   아니 다행이다.

공   요즘은 나를 중심으로 돌아주는 내 우주가 느껴져. 다 흩
     어져서 먼지가 된 줄 알았던 그 먼지들이 소용돌이를 따라
     내 태양계 안으로 모여들어 하나의 별이 되어가는 그런 느
     낌이야. 소속감 같은 게 생겼달까.

영   애가 21살이 됐는데 이제서야? 심봉사 눈떴네.

공   (웃으며) 그러게. 암튼 요즘은 그냥 좀 덜 불안해. 안정감이
     느껴지나 봐.

영   좋네. 별이라, 굉장히 비과학적이지만(사이) 낭만적이긴 하
     다. 그러니까 잊지 마. 벼랑 끝에서 끝까지 니 손을 놓지 않
     을 사람들. 니 모든 것의 마지노선. 알겠냐?

     공은 말없이 고개를 끄덕인다.

영   하긴 딴따라가 현실적이면 딴따라냐? 적당히 느끼하고 낭
     만적이니까 딴따라겠지. 좋네. 낭만 딴따라.

     공은 머뭇거리다 조심스럽게 말을 꺼낸다.

공 있지. 나, 너랑 화해하고 싶어. 너와 진심으로 화해를 해야
   다른 사람들을 만날 용기가 생길 거 같아.

영 갑자기? 밑도 끝도 없이? 이렇게 억지로 훈훈하게?

공 화해하자.

영 아이고 이 촌스러운.. 오글거려 두드러기 날라 그래. 넌 꼭
   잘 나가다가 이러더라. 어디 신파 DNA를 심어놨나, 하여튼
   개 버릇 남 못 줘. 이보세요. 너 님은 아직 저와 화해할 준
   비도 안 되셨어요. 마음에 근육도 없는 년이 그렇게 디립따
   처맞았는데 어떻게 화해가 돼? 그냥 좀 더 싸워. 그래야 맷
   집도 생기고 근육도 생기고 그러지.

공 고맙다.

영 에이씨, 하지 마. 하여튼 주입식 교육이 애들을 다 망쳐놨
   어. 언제나 훈훈해야 결말이 나는 촌스러운 루틴! 해피엔딩
   강박증.

   영은 나가려고 일어나 나가다가 다시 돌아서며.

영 야! 넌 니 글 선생한테 도대체 뭘 배운 거냐. 글 선생이 맨
   날 뭐라데? 어? 신파다, 촌스럽다. 구태의연하다. 천편일률적
   이다. 느끼하다. 오글거린다! 어! 귀가 따갑게 가르치면 뭐
   하냐고. 이건 뭐, 소귀에 경 읽기도 아니고. 너 이거, 니 글

선생이 봤으면 완전 쌍욕 감이야. 에이씨, 생각만 했는데도 음성이 지원되네. 참 이런 지경인데도 안 내치고 이것저것 잔소리해 주는 거 보면 니 글 선생도 살아있는 부처다. 찐선생! (사이) 재물복은 없는데 인복은 있네. 애가 전반적으로 쏠림현상이 너무 강해! 팔자도 재능도 성격도.. 아주 편향적이야! 쯧! (사이) 암튼 다 필요 없고, 걸어 그냥. 제자리걸음 말고, 앞으로 건 옆으로 건 걸어. 걸어서 지켜. 니 우주의 별들. 걔들 먼지 아니야. 진짜 별 맞아. 그러니까 잘해.

공은 고개를 끄덕인다. 그리고 의자에서 일어선다.

영 그리고 말이지. 아까 내가 어! 약간 센치멘탈 해졌다고 말이야, 어! 엉뚱한 착각 하지 마. 난 태생이 졸라 부정적인 반골이라, 화해 같은 거 안 해! 넌 맷집이나 키우면서 기다려. 어차피 너랑 나랑 싸우는 건 관 뚜껑 닫아야 끝나지 않겠냐? 니가 변비로 똥 쌀 때마다 느끼는 고통을 나라고 생각해라. 니 인생에 쾌변은 없어. 그래도 어쩔 거야! 마려우면 싸야지. 몸을 비비 꼬고 대가리 터질 것처럼 힘을 주더라도 내보내야지. 담고 있을 수는 없잖아? 그럴 때마다 힘이 들 것이고, 그럼 또 나를 불러 댈 것이고.

공 비유를 꼭!

영 뭐! 알아듣기 쉽게 정리해줬구만. 똥 마려우면 싸는 거고, 싸고 나면 닦는 거고, 손 안 닿는다고 남들한테 닦아달라고 궁뎅이 가져가면 민폐인 거고, 결국 닦을 걸 찾건, 만들건 뭐, 무슨 방법으로 건 스스로 해결해야 하는 거지. 싸기만 하고 닦지 않으면 니가 그렇게 혐오하는 그 개새끼들과 다를 게 없지. 그걸 못하면 냄새 풍기고 주변까지 오염시키는 독이 되는 거고. 그러니까 앞으론 그렇게 남들한테 닦아달라고 궁뎅이 들이미는 족속들하고는 일하지 마! 니 옷에 똥 닦는 놈이랑은 상종도 하지 말라고!

공은 웃으며 고개를 끄덕인다.

영 내 뭐라든. 고생 끝엔 그냥 새 고생이 기다리는 거야. 그러니까 뭐 대단한 낙이 올 거라는 엉뚱한 기대 말고 맷집이나 키워. 그리고! 그만 지랄하고 그냥 꾸역꾸역 걸어. 시간이 없어. 낼모레 오십 인 년이 뭘 그렇게 생각이 많아. 생각하지 말고 걸어. 물론 힘들겠지. 그래도 걸어. (사이) 애휴, 어떻게 넌 매사 설사 아니면 변비냐. 참내. 중간이 없어. 그게 다 운동 부족이라 그런 거라고. 몸도 마음도 대가리도. (한걸음 앞으로 가다가 멈춰서 공을 보며) 지구는 둥그니까 자꾸 걸어가다 보면 똥도 잘 나오고. 뭔 말인지 알지?

공은 영을 바라보며 계속 웃고 영은 몸서리치듯 고개를 절레절레 흔들면서 한쪽 팔을 비벼가며 말한다.

영 웃지 마! 주름 늘어! 아우 씨발! 이거 닭살 돋은 거 봐.

공은 일어나서 영의 뒷모습을 바라보고 영은 뒤도 안 돌아보고 거울 밖으로 사라진다.

영이 나가면 영의 방 조명도 꺼진다.

공 (헛헛하게 웃으며) 나쁜 년.

공은 문쪽으로 걸어가다가 부엌에 들러 무심한 듯 설거지 통을 확인하고 조명을 끈 후 퇴장한다.

끝

너무 지쳤습니다.

그러던 어느 날

지친 상태로 맹렬하게 버티고 서있는

제 모습이 우스꽝스럽게 느껴졌습니다.

내가 뭐라고, 내가 뭐라도 되는 줄 알고,

내가 아니면 안 되는 줄 알고

능력의 부족함에 힘들어도 버티고,

쉴 새 없이 맞닥뜨리는 부당함에도 버티고

수치스러운 자괴감에도 버티고..

정체를 알 수 없는 사명감에

온 힘을 다해 버티려 했던 제가

너무 우스꽝스러웠습니다,

비웃고 조롱하고 싶었습니다.

넌 형편없는 호구일 뿐이라고,

겨우 이 꼴로 살려고 태어났냐고

끝도 없이 미워하고 괴롭히고 싶었습니다.

도전보다는 안주가 편했고 새로운 길보다는 다니던 익숙한 길이 편했습니다. 대단한 예술가는 아니지만 저에게 무언가를 표현할 수 있는 능력이 있다는 것에 감사하며 소박하게 사는 게 아무렇지도 않았습니다. 소망이 있다면 저의 재능이 선한 의지로 선한 곳에 쓰이길 바랬습니다. 아니 그렇게 바랬다고 믿고 있었다고 하는 게 더 맞는 표현인 것 같습니다.

그런 믿음으로 공모사업을 통해 꿈의 학교를 운영하며 마을 활동가로 활동하면서 아이러니하게도 저의 인생이 제 것이 아닌 누군가의 목적에 의해 이용되고 있었고, 내가 가지고 있는 능력으로 인해 사람이 아닌 재주넘는 곰이 되어 버렸다는 걸 알았습니다. 그 순간부터 자랑스러울 정도는 아니었지만 부끄럽지는 않았던 지나온 제 노력의 결과물들이 저를 괴롭히기 시작했습니다.

번 아웃이 왔습니다. 잠깐 멈춤이 필요했습니다. 그리고 지나온 세월 속의 저를, 그리고 현재의 저를 정면으로 마주 보아야 했습니다.

어렵게 용기를 내어 마주 본 저는 일단, 너무 지쳐있었습니다.
분노할 힘도 사라지고 체념마저 귀찮아진 무기력하고 한심한 인간이 되어있었습니다.

너무 미웠습니다. 원망스러웠습니다. 누군가 욕지거리라도 퍼부어 주었으면 좋겠다 싶었지만, 차마 남들에게 욕먹을 자신은 없어서 저만 알고 있는 가면 속의 저를 끌어내 저에게 욕을 퍼붓고 조롱하기 시작했습니다. 통쾌했습니다. 누구에게도 털어놓을 수 없었던 부끄러운 마음들을 털어놓는 과정이 버거울 때도 있었지만 그만큼 카타르시스도 있었습니다.

그러다 그 밉고 한심 한 놈 반대쪽에 서있는 또 다른 저를 만날 수 있었습니다. 사람을 신뢰하지 못하지만 사람을 의지하고 싶어 하는, 늘 모자란 재능에 괴로워했지만 사실은 특별한 어떤 것이 있다는 걸 인정하고 있는 또 다른 저. 그렇게 만나게 된 또 다른 저 덕분에 만신창이가 되어 구겨진 몸으로 버티는 추하다고만 느껴졌던 제 모습이 가여워 보이기 시작했습니다. 힘들었어도 도망치면서도 잘 버텼다 그렇게 저 스스로를 대견해하는 마음이 생기기도 했습니다.

전 저 스스로 도전을 두려워하지 않고 추진력이 있으며 성실한 예술가라고 믿어왔습니다. 하지만 실상 저의 도전은 늘 줄행랑이었고 추진력은 도망자의 절박함이었으며 성실은 모자란 재능을 채워주는 생존의 무기였습니다.

글쓰기도 어쩌면 도전이 아닌 도망일 수도 있습니다. 지금은 모르지만 나중엔 알게 되겠지요. 하지만 그 전처럼 제가 초라하거나 구질구질하게 느껴지지는 않습니다. 왜 그런지는 저도 잘 모르겠습니다.

아직도 전 제가 살아온 인생이 자랑스럽거나 뿌듯하지 않습니다. 앞으로 좋아질 거란 기대도 크게 없습니다. 하지만 적어도 이제 저 자신을 제가 시궁창에 빠뜨리는 짓은 하지 않기로 했습니다. 별 볼 일 없는 변두리 예술가지만 그래도 살아있으니, 그리고 이런 저를 별이라 생각해주는 저의 우주가 있으니, 그 우주에서 저도 그들과 어울려 별처럼 살아보고 싶어 졌습니다. 그 정도에서 폭력적이고 무자비했던 저에 대한 학대를 멈추기로 했습니다.

이 글을 써내려가고 그림을 그리는 모든 과정은 저의 찐과의 치열한 전투였으며 화해의 시작이었습니다.

제가 그랬던 것처럼 소위 말하는 주류의 잘 나가는 예술가들을 제외한 수많은 예술가가 정도의 차이는 있겠지만 저처럼 자신을 괴롭히고 학대하며 매일매일 끝도 없는 전쟁 중이라는 걸 잘 알고 있습니다. 아니, 어쩌면 우리가 동경하는 수많은 주류의 예술가들도 마찬가지일지도 모르겠습니다.

사실 발가벗겨진 것 같아 부끄럽습니다. 그럼에도 불구하고 공감하고 싶었던 마음이 더 컸었나 봅니다. 넘어진 자리를 알아야 일어설 수 있을 거라는 생각으로 더디지만 꾸준하게 포기하지 않고 써 내려갔습니다. 변두리 예술가의 넋두리로 엮인 이 책이 독자들에게 어떻게 읽힐지 걱정이 앞섭니다. 저의 구질구질한 삶의 기록이 오히려 더 혼란을 주게 될까봐 두려운 마음도 있습니다.

다만 이 글을 읽는 아주 소수의 예술가분들에게라도 마음을 다해 전하고 싶은 메시지가 있었습니다.
예술. 힘들죠. 힘듭니다. 쉽지 않아요. 그래도 포기할 생각이 아니라면 도망치지 마세요. 도망은 그 순간 평화를 주긴 하지만 두고두고 자신을 미워하고 원망하게 되는 무기로 변하거든요.

또한, 예술가로서 소비될지언정 절대 소모되지 마세요. 무대를 사랑하는 마음으로 했던 선의가 오히려 무대와 멀어지게 만들었고 결국 전 어느새 누구나 함부로 대해도 되는 재주넘는 곰이 되었습니다. 절대 저처럼 되지 마세요. 예술 활동도 노동이며, 예술 활동의 결과물이 지식재산권에 해당한다는 걸 잊지 말기 바랍니다.

저도 앞으로는 다르게 살아볼 예정입니다. 책 한 권 쓴 것으로 금방 생각이 달라지거나 인생이 크게 달라 지지야 않겠지만 이 글을 쓰며 오갔던 수많은 후회의 순간들을 털어내고 넘어진 자리에서 일어나 볼 생각입니다.

아! 한 가지 꼭 짚고 넘어가고 싶은 말이 있습니다. 제 글에서 언급된 것처럼 모든 공무원이나 교육관계자분들이 문제가 있는 건 아닙니다. 다만 제가 운이 없어 저를 스쳐 간 많은 분의 8할 이상이 그랬을 뿐입니다. 묘사의 많은 부분이 지독한 일반화의 오류를 범하고 있다는 걸 잘 알지만 제 경험을 최대한 솔직하게 쓰려다 보니 좀 불편한 부분도 있으실 겁니다. 양해 바랍니다. 그냥 저의 주관적인 경험일 뿐입니다. 시스템의 문제나 한계라고 할 수도 있겠지만 그것보다 모든 문제는 결국 시스템을 집행하는 사람의 태도에서 좌우된다는 생각이 많이 들었습니다. 하지만 사명감을 가지고 임하는 분들도 분명 만난 적이 있습니다. 그러니 독자분들께서는 모든 공무원이 그럴 것이라는 오해는 하지 말아주셨으면 합니다.

이 책을 통해 진심으로 용서를 빌고 싶은 사람들도 있습니다.
저 자신을 학대하는 과정에서 본의 아니게 제가 쏟아내는 감정의 배설들을 고스란히 받아야 했던 지인분들께 용서를 구합니다. 구차하게 변명하지 않겠습니다. 용서를 받아주지 않는다 해도 할 말이 없습니다. 내일이 있을 거란 생각을 할 수 없을 만큼 몸과 마음이 피폐해져 버렸을 때, 아침에 눈을 떠서 숨 쉬고, 깨어있는 모든 시간이 구차하고 구역질 나서 제발 내일은 눈을 뜰 수 없게 해달라고 기도하며 잠들던 그 시절, 배설처럼 쏟아내 버린 이유 없는 날 선 말에 상처 받았을 지인들께 진심으로 사과드립니다. 죄송합니다. 아직은 만날 자신이 없습니다. 남아있는 생 안에 용기가 생긴다면, 제게 마음에 힘이 생긴다면 언젠가는 다시 만날 수 있으면 좋겠습니다. 언제가 꼭 그런 날이 오기를 막연하게 기대해봅니다.

이 책이 세상에 나오게 해 주신 감사한 분들이 많습니다.
그냥 혼자 낙서처럼 써오던 글들을 책으로 엮을 수 있도록 용기를 준 남편과 책의 출판을 처음부터 끝까지 도와주셨던 <심리학과 나와서 상담을 받는다고요?>의 저자 지명 작가님을 비롯한 고메 북스 독립출판 클래스 6기 동기들, 질문 많고, 손 많이 가는 수강생인 저를 포기하지 않고 독립출판의 세계로 인도해주신 <나의 포근했던 아현동>의 박지현 작가님과 일산의 동네 서점 고메 북스 대표님께 진심으로 감사를 전합니다.

글을 써보고 싶다고 조심스레 말을 꺼냈을 때 뜻밖의 응원과 조언으로 용기를 주셨던 저의 무서운 글 선생님께도 감사드립니다. 늘 (애정 어린?) 욕이 반인 피드백이었지만 "딴따라 감은 있네" 이 희망 고문 같았던 응원
이 포기하고 싶을 때마다 저를 일으켜 세워주는 버팀목이 되었습니다. 덕분에 작가의 꿈을 이룰 수 있었습니다. 정말 감사합니다. 이왕 이렇게 된 마당에 좋은 작가가 되는 그날까지 A/S도 부탁드립니다.

스승과 제자로 만났지만 세상 둘도 없이 소중한 파트너가 되어준 콩나물 뮤지컬제작 꿈의학교 제자들에게도 고맙다는 말을 전하고 싶습니다. 선생이지만 늘 주는 것보다 받는 게 많아 민망하고 미안한 마음이 컸습니다. 갚을 날이 있었으면 좋겠는데, 사실 자신은 없습니다. 살아 있는 동안 만에 하나 저에게 좋은 일이 생긴다면 꼭 그 고마움과 미안함을 갚고 싶은 귀하고 귀한 인연들입니다. 그 아이들에게는 늘 한없이 부끄럽습니다. 선생님으로도, 선배 예술가로도. 의지가 되지 못할 망정 늘 걱정만 하게 했습니다. 그럼에도 불구하고 늘 저의 비타민이 되어주어 진심으로 고맙다는 말을 전하고 싶었

습니다. 진심으로 사랑하고 사랑받았던 경험으로 툭툭 털고 일어나 보겠다고 그 아이들과 약속하고 싶습니다.

한참 출판을 준비하던 지난여름 즈음, 갑작스럽게 집안에 우환이 생겼습니다. 남의 일이라고만 생각했던 전세 사기를 당하고 하던 일을 모두 미루고 급하게 이사를 가야 했습니다. 이사를 하고 여러 방면으로 문제 해결을 위해 바빠서 그냥 출판을 포기하려고 했습니다. 그런 상황 속에서도 포기하지 말라고 응원해준 남편 덕분에 계획보다는 늦어졌지만 이제라도 출판을 할 수 있게 되어 좋습니다. 사실, 좋은 것보다는 조금 더 기쁩니다.

변두리 예술가로 살며 피폐해진 저 스스로를 난도질하느라 걱정과 불안으로 타들어가는 남편의 마음을 알아채지 못했습니다. 제 불안과 좌절로 인해 그 어려운 상황에서 상의조차 못하고 혼자 애태우게 해서 정말 미안합니다. 의지가 되진 못하더라도 적어도 짐이 되는 동반자는 되지 않도록 노력할게요. 고맙고 미안합니다.

저에게 가장 좋은 친구면서 가장 냉정한 독자인 딸의 리뷰가 정말 궁금합니다. 학업으로 바쁜 고등학생이지만 기회가 되면 읽어 주면 좋겠습니다. 늘 자신 없다고 말하면서도 울면서라도 결국 자기의 꿈을 위해서 끝까지 도전을 포기하지 않는 뚝심 있는, 저보다 훨씬 어른스럽고 훌륭한 딸은 저에게 가장 좋은 선생님이고 부러운 동료입니다. 이 책을 읽고 엄마를 반면교사 삼아 앞으로 살아갈 딴따라의 인생을 지혜롭게 꾸려갔으면 좋겠다는 생각입니다.

학업으로 멀리 떨어져 지내는 공대생 아들에게는 책을 들고 한번 내려가야

겠습니다. 크게 관심 가질 것 같지 않지만, 라면 받침으로라도 같이 잘 살아
주길 바래봅니다.

가족에게 지면을 통해 마음을 표현하는 건 좀 많이 부끄럽고 오글거리네요.
할 말이 너무 많지만 이 정도에서 마무리하겠습니다. 서운하게 생각 말아주
셨으면 좋겠습니다. 책이 나오면 식탁에 마주 앉아 같이 읽으며 김치전에
막걸리나 한잔 합시다.

마지막은 저에게..
괜찮다고, 이대로 영원히 아무것도 아니어도 괜찮다고, 버텨줘서 고맙다고,
그저 살아있어 줘서 고맙다는 말을 전하며.

2020년 11월 10일
작가 소리.

동화. 뿌리깊은 나무의 꿈

글. 그림 소리

난 나무입니다.

아주 작은 섬에 사는
아주 큰 나무예요.
봄이면 꽃이 피고 벌들이 날아오고.
꽃이 지면 잎이 나죠.
여름 햇빛을 받으면서 잎은 점점 넓게 커지고
그즈음부터 더위에 지쳐 그늘이 필요한 고단한 섬 이웃들이
나에게로 와 지친 몸을 기대죠.
가을이 되면 열매가 열려요.
달고 맛있는 열매는 지나가던 새와 벌레, 다람쥐의
겨울을 날 양식이 되죠.
그리고 나면, 고운 색으로 잎이 물들어요.
섬의 이웃들은 예쁘다며 구경 오죠.
그렇게 곱던 잎이 떨어지면
금방 애물단지 쓰레기가 되어버리지만요.
아! 어떤 이웃들에겐
사각거리는 소리만으로도 낭만이 되어주기도 해요.
그러다 겨울이 오면
제 몸을 파고들어 잠드는 다람쥐를 지키죠.
멋진 삶이에요.

난 나무입니다.

풍성한 가지에 무겁도록 많은 잎이 매달려있는 나무예요.

그 많은 가지를 버텨주는 두꺼운 몸통엔

어느새 다람쥐와 딱따구리가 구멍을 뚫어 입주했네요.

여기저기 구멍이 많아지니,

날이 갈수록 더가지의 무게가 더 무겁게 느껴져요.

그러다 바람이 불어와 가지가 흔들리고

잎에서 소리가 나면

마음이 날아갈 듯 가벼워져요.

마치 날 수라도 있을 것처럼

난 나무입니다.

어느 날 제 뿌리 사이에 피어난 민들레가
높이 있는 저를 보고 말했어요.
"전 나무가 부러워요. 자기 땅이 있으니까.
전 어디로 갈지 몰라.
그냥 바람이 부는 데로 날아다니다 떨어지는 곳에서
뿌리를 내리죠.
이번엔 운이 좋았어요.
이렇게 큰 나무의 뿌리 사이라서.
저번엔 흡연 구역 전봇대 사이였거든요.
전 늘, 한 곳에 깊이 뿌리박고 있는 나무가 너무 부러워요.
다음 생에는 꼭 나무로 태어나고 싶어요."

저는 웃었어요.

난 나무입니다.

제가 아주 어린 나무 때였어요.

제 눈앞으로 날개를 펼치고

낮게 날아가는 무언가를 봤어요.

새였죠.

제가 보이지 않는 곳까지 높이 높이 날다가

갑자기 추락이라도 하려는 듯 곤두박질을 쳐요.

전 너무 놀라서 어떻게든 구해보려고

있는 힘껏 가지를 뻗었어요.

근데 새는 저를 놀리듯 바닥 가까이에서

저와 눈을 맞추고

다시 위로 뻗어 올라갔죠.

그리고는 이 나무에서 저 나무로.

이 섬에서 저 섬으로

땅을 밟으며 걷다가도 하늘로 바람처럼 날아갔어요.

첫눈에 반해 버렸죠.

그날이 바로 깊게 박힌 저의 뿌리가

거추장스럽고 답답하게 느껴진 첫날이에요.

난 나무입니다.

가지가 아주 많고 튼튼한 나무예요.

어느 날 가지에 예쁜 어미 새가 둥지를 틀었어요.

어미 새는 튼튼한 제 가지에 만든 둥지에서 알을 품었고

그 알들은 모두 귀여운 아기 새로 태어났어요.

그날부터 어미 새는 더 부지런히 날아다녔어요.

아기 새들은 엄마가 언제 오냐며 목청을 높여 저에게 물었죠.

어르고 달래며 시간을 보내고 있으면

어미 새는 어김없이 먹이를 물고 돌아왔어요.

힘들고 지친 어미 새는 아기들이 먹이를 먹는 동안

제 가지에 지친 몸을 기대어 잠들곤 했어요.

아기 새는 다 자라 둥지를 떠났어요.

그 둥지에는 늙고 지친

어미 새만 남았죠.

어미 새는 저에게 말했어요.

다음 생에는

나무로 태어나고 싶다고.

저는 웃었어요.

난 나무입니다.

몇 살쯤 되었을까요?

나무꾼들 하는 말로는 몇백 년은 된 고목이래요.

가끔은 누군가가 와서 도끼로 찍어대면

너무 아파서 차라리 이대로 생을 마감하고 싶을 때가 있어요.

근데 너무 두꺼워서인지

도끼로 여기저기 상처만 내고는

포기하고 돌아가죠.

별수 없이 스스로 쓰러지는 날

몸에서 물기가 다 사라져

생명이 꺼지는 그날까지 전 나무로 살게되겠죠.

그럼 전 숯이 될 거예요.

검게 타서 연기가 되면

비로소 전 다음 생으로 넘어갈 수 있겠죠.

전 지쳐 쓰러져 생을 다해가는 어미 새에게 말했어요.

"전 다음 생에는 꼭 새로 태어나고 싶어요"

어미 새는 제 이야기를 듣고

웃었어요.

그리곤 곧 고단했던 생을 마감했죠.

난 나무입니다

만약에, 만약에 말이에요.

나무가 새를 보지 못했다면 어땠을까요?

행복했을까요?

아! 나무는 새를 보지 못할 방법이 없네요.

새는 언제나 나무를 찾으니까요.

새와의 만남은

나무의 피할 수 없는 운명이었군요.

그렇다면 새를 늘 가까이 볼 수 있는

나무의 삶에 만족하며 행복했으면 좋겠는데.

난 나무입니다

얼마 전이었어요. 제 가지가 하나 부러졌어요.

가장 튼튼하고 길쭉해서 가장 멀리까지 뻗어 나간 가지였지요.

햇빛을 많이 받아 열매도 가장 많이 열리고

잎의 색도 유난히 예쁘던 가지였어요.

나무꾼들이 탐내며 여러 번 베어가려 시도했지만

아슬아슬하게 잘 버텨주던 건강한 가지였는데

엉뚱하게도 번개에 맞아 부러져 버렸어요.

너무 아팠어요. 사실 지금도 좀 아파요. 근데 괜찮아요.

부러진 가지 끝의 간지러워서 썩어가는 줄 알았더니

벌이 그러는데, 거기에 새잎이 돋아나고 있다네요.

제 눈에는 아직 안 보이지만 새싹이 난다니 정말 다행이에요.

누군가 저에게 말했어요.

작년에 벼락을 맞아서 반으로 쪼개져

흉물스러워진 나무가 있었는데

그 틈 사이에서 잎이 나고 꽃이 피더라고.

설마 했는데, 그 말은 진짜였어요.

부러진 가지 끝이 아프긴 하지만

새싹이 난다는 소리에 아픔이 반으로 줄었어요.

그리고 그걸 봐준 벌에게도 너무 고맙고요.

난 나무입니다.

매일매일 소소한 기쁨으로 충만하면서도
제 잎에 가려진 그늘 때문에 시리고 추워요.

햇빛이 열매를 만들어 주고
비가 땅을 단단하게 해 주어
점점 튼튼해지면
이웃들에게 뜨거운 해를 피할 그늘이 되어주지만,
정작 제가 쉴 수 있는 그늘은 없다는 게
억울하기도 해요.

살랑이는 바람 불면 숨겨놓은 슬픔 들킬까 봐
서둘러 무성한 잎 키우는
조급한 마음이
가여울 때도 있어요.

난 나무입니다.

훨훨 날아다니는 새를 꿈꾸는
좁은 땅에 깊게 뿌리를 내린 늙은 나무

몸을 파고든 다람쥐가 애처로워,
뿌리 곁에 핀 민들레가 애처로워,
늙은 가지에 둥지를 튼 지친 어미새가 가여워,
가을이면 단 열매를 찾아오는 동물들 그리워,
또 그 자리를 지켜요.

그러다가 어느 날,

단단하게 박혀있는 뿌리 곁의 모래가 들썩거리면
또 헛된 꿈에 온몸을 떨며
날아보려 애쓰는
좁디좁은 땅에 깊고 넓게 뿌리를 내린

나는 나무입니다.

꿈을 꿉니다. 작가. 소리